JN074958

酒寄さんの
ぼる塾生活

は じ め に

　皆さんこんにちは。ぼる塾の酒寄です。

　前作の『酒寄さんのぼる塾日記』に引き続き、まさか人生で２冊も本が出せることに驚いています。本当に読んでくださった皆さんと日々事件を起こしてくれるぼる塾の３人のおかげです。

　２冊目と言っていますが、この本から読んでも楽しめる内容になっていますので、はじめましての方も安心してください（でも前作も読んでいるとさらに楽しめるので、まだの人は一緒に読むこともお薦めします）。

　ぼる塾を知らない方に説明させていただくと、ぼる塾はあんりちゃんとはるちゃんのコンビ「しんぼる」と田辺さんと私のコンビ「猫塾」が合体してできたカルテットです。

　ぼる塾を結成当時、私は出産したばかりだったため、育休中のメンバーとして参加しました。

　普段一緒にいることができない私に、ぼる塾の３人は、その日の楽しかった出来事をたくさん報告してくれました。その話が毎回とても面白く、私は老後に４人で楽しむ用にぼる塾のエッセイを書こうと思いつきました。しかし、せっかくなら周りの人にも３人の面白さを知ってもらいたいと思い、noteというウェブサイトに書いた文章を上げました。そのエッセイが１冊の本にまとまり、前作の『酒寄さんのぼる塾日記』になりました。

　前作を発売した当時、ぼる塾は有名だけど酒寄さんは無名だからこの本は一体どうなるのだろうとドキドキしていました。例えるなら上半身はムキムキだけど下半身は小鹿のような本でした。例えたことで意味が不明になってしまいましたね。

「私の本を読んでもらいたいなら、いろんな人に私の文章を読んでもらえる機会を増やそう！　読んで面白いって思ってもらえたら、本を手にとってもらえるかもしれない！」

　私は少しでも自分の文章がたくさんの人の目に触れるように、本の発売後もnoteにぼる塾のエッセイを書き続けました。

　あんりちゃんやはるちゃんや田辺さんもいろんなところで私の本を紹介してくれました。はるちゃんと田辺さんが、「『酒寄さんのぼる塾日記』がドラマ化されたら長澤まさみは私の役だ」、「いや、私だ！」と喧嘩している現場も目撃しました。あんりちゃんがその隙に「新垣結衣はあんりで」と名女優をゲットしていたのも知ってます。

　ありがたいことに本を読んでくださった方々が口コミで宣伝してくださり（編集さんに聞いたのですが、ぼる塾日記は読んでくださった方の感想や応援がとても多いそうです）、ぼる塾日記は小鹿が震えながらも確実に一歩一歩進むように売れていき、重版されるところまでいくことができました。たくさんの人に愛される本になってとても嬉しいです。

　そして、noteに書き続けていたエッセイが１冊の本にまとまるくらいの量になっていたので、このたび２冊目の発売となりました。勝手にエッセイを書き続けた私にも感謝です。もちろん、書き下ろしも満載です！　書き下ろし過ぎて担当さんを困らせるくらい書き下ろしました。

　前作はぼる塾の４人が食べたり遊んだり小さな事件を起こしたり、そんな日常を綴った本でした。

　今回もそこは変わらず、私自身の内面の深い部分や、メンバーとの裏側についても書き下ろしで挑戦してみました。

　先ほど勝手にエッセイを書き続けたと書きましたが、その中で一つ、とてもたくさんの人に読んでもらえたお話がありました。

この本の「イケイケ田辺さん編」に収録されている「育休中に相方がめちゃくちゃ売れた」（P.204～）というお話です。noteで話題になり、多くの人が読んでくれました。感想もたくさんいただき、自分の想像以上の反響にとても驚きました。書いた当初はとにかく自分の書きたいことを正直に書いてみようという思いでしたが、私の文章を読んで救われたという感想をいただき、私たちの思い出が誰かの励みになるということを知りました。田辺さんからも「私の好感度を上げてくれてありがとう」とストレートなお礼を言われました。

　みなさんもお気づきかと思いますが、私の相方は田辺さんだけではありません。この本ではあんりちゃんとはるちゃんバージョンの「育休中に相方がめちゃくちゃ売れた」を書き下ろしました。書き始めるとそれぞれ全く違う内容になっていき、私は本当に3人からいろんなものをもらったんだなと改めて感じました。あんりちゃん、はるちゃん、田辺さん、どの相方との思い出もかけがえのないものです。

　また、今作は私の息子のみたらしちゃんが成長したことで田辺さんとのやりとりに変化があったり、謎の多いはるちゃんの行動により深く迫ったり、あんりちゃんが乙女な部分を見せてくれたりと、かなりパワーアップしています。田辺さんとはるちゃんのルームシェア生活の始まりと終わりもちょうどこの本の中の時期とかぶるので、ぼる塾にいろいろなことが起きた日々を書き記した内容になりました。

　私のぼる塾での働き方の変化についても格好悪いところも含めてかなりあけすけに書いております。もうあけすけすけすけってくらいです。

　そして今回もぼる塾の3人が「酒寄さん！　助けに来たよ！」と、それぞれの得意分野でこの本を盛り上げるコーナーを作ってくれました！最強の仲間達です！　ファッション、写真、和室と完璧なコーナーバランスです！　和室って何？と、思った方はぜひこの本を愛読書にして確

認してください！

　さらに前作に続き、ありがたいことにつづ井さんがぼる塾のためにとっても可愛いイラストを描いてくれました！　そして菜々子さんによる私が原作を書いた（趣味で私が書いて田辺さんだけが読んでいた小説）、『転生したら田辺さんだった』の漫画の続編が掲載されています！

　私が言うのもなんですが、世界中の全ての部屋に1冊あっても良いくらい豪華な1冊となっています。

　ぼる塾日記のときは読むお楽しみ会と言いましたが、ぼる塾生活は読むお祭りです！

　今回の『酒寄さんのぼる塾生活』というタイトルはあんりちゃんとはるちゃんと田辺さんが考えてくれました。
「酒寄さんってもう生活がぼる塾だから！」
　その通りなので使わせてもらいました。私は『酒寄さんのぼる塾集合！』というタイトルを考えていたのですが、あんりちゃんに「酒寄さん、かなりドリフに心持ってかれてませんか？」と言われてハッとしました。本当に私のことを私よりわかってくれているみんなです。

　長々と書いてしまいましたが、この本を読んでくださった方が笑ってくれたらとても嬉しいです。

　読む前は「酒寄さんって誰？」と思っていた人が読み終わったときには、「よりぼう！　サッカーしようぜ！」と言ってくれるくらいに、この本を通して仲良くなれたらもっと嬉しいです。

CASTS

あんりちゃん

ぼる塾の良心。周りの人の良い所に気づくのが上手く、とても褒めてくれる。以前、私の息子のおままごと動画を見て、「みたらしがリンゴのおもちゃを焼きリンゴって言ってるのに対して酒寄さんが『あら、ひと手間加えてくれたのね』って言ってるのが良いと思いました」と褒めてくれて私を感動させた。しかし、自分の楽屋を見つけるのは下手なようで間違えて他人の楽屋に入ろうとする。田辺さんが「酒寄さんはそんなに食べられないからシュラスコ食べ放題は行かないほうが良い」と言ったことに対し、「酒寄さんの可能性を潰すな」と注意してくれた。焼きそばが似合う。好きな揚げ物はとんかつ。

はるちゃん

ぼる塾の大はしゃぎ。常に動いている。他のメンバーがピンの仕事のときなど励ましのメッセージをくれる。心温まる内容でとても優しい子だが誤字が多い。「困ったら私のギャグ浸かってね!!」と、ギャグを温泉みたいにしていた。「はるちゃんがもし必殺技を使えたらなんて技名にする?」と、突然質問したところ、「スマイルパワー! みんなニコニコ笑顔になっちゃうのだ!」と彼女らしい必殺技をシンキングタイム０秒で考案してくれた。埼玉県も都民だと思っていた過去がある。午後から絶対に雨が降る日でも傘を持ち歩かない。好きな揚げ物はからあげ、さつまいもとかぼちゃの天ぷら。

6

田辺さん

ぼる塾の田辺。昔、私に対して「生きているとたくさんあんたにアドバイスをくれる人が現れるけど、ほとんどの人が全くあんたの未来に責任とってくれないから、そう思って聞くと楽だよ」と言ってきて、「それもアドバイスだね」と私が言ったら「私は別だよ！」と言ってくれた。弱点はWi-Fi。人の気持ちよりもWi-Fiのほうがわからないらしい。私の息子に対してたまに自撮りの動画を送ってくれるが、その動画を見ると偶然だとは思うが息子はその夜悪夢を見る。39歳の誕生日直後に袖を捨てる一大決心をした。好きな揚げ物はコロッケ、フライドポテト、レンコンの天ぷら。

ぼる塾のリーダー。最近聞き間違いが多く、子供番組から聞こえた「お庭で遊ぼう」を「小じわで遊ぼう」と聞き間違えて驚く。しかし老いても小じわで遊べるような心でいたい。食べ物の自動販売機を見るといまだに未来を感じてしまう。詰め替えが苦手で、容器を持ったときそろそろ詰め替えないといけない軽さになっていると憂鬱になる。年々自分の中の格好悪いが減っていっている（息子が言うことを聞かないとき、「ぼる塾に言うよ！」と自分のバックにぼる塾がいることをアピールする。効果はない）。好きな揚げ物はアジフライ、ハムカツ。

酒寄さん（私）

みたらしちゃん

私の息子（3歳）。あだ名はみたらし。田辺さんとセガのゲーム『龍が如く』シリーズの主人公・桐生さんにのみ"さん付け"する。田辺さんがくれたぬいぐるみのこねこちゃんに一目惚れし、現在ラブラブ中。ぼる塾が大好きで、あんりちゃん、はるちゃん、田辺さんが揃っていないとき、いないメンバーは公園に遊びに行っていると決めつける。好きな揚げ物はからあげ、ナゲット、フライドポテト。

7

CONTENTS

私がおおきなかぶだった頃

　この一年で私はぼる塾としての活動が増えました。しかし、世間的にはまだぼる塾はトリオだと思っている人が多いと思います。

　例えば4人で外出したときに、

はるちゃん　今のうちにトイレに行っておきましょう！

　と、みんなでトイレの列（混んでいた）に並んでいるとき、ふと、

私　（今、ぼる塾をトリオだと思っている人がトイレに並んでいるぼる塾に気が付いたら、私はぼる塾の間に入ってしまったうっかり者だと思われるだろうな。「あら〜、あの人あんりと田辺さんの間に入っちゃってるよ。自分が入っちゃってることに気付いているのかしら？　しかもあの人、クロワッサンの柄の愉快な服着てる〜」とか思われていたりして。くそ〜っ）

　私はぼる塾をトリオだと思っている架空の人から自分の服の柄をいじられたこと（全て勝手な想像）に対して変な顔をし、田辺さんに

「大丈夫？　トイレ間に合わないの!?」

　と余計な心配をかけたことがあります。

　……安心してください。4人での活動が増えたことで、逆にこれくらいの妄想を考えられる余裕がもてるようになったのです。

　突然ですが、みなさんは『おおきなかぶ』の話を知っていますか？ 女子トイレの妄想からいきなり『おおきなかぶ』に話が飛んですみません。『おおきなかぶ』とは、おおきなかぶをみんなでひっぱって最

後に引き抜くという有名なあの話です。みなさんも一度は読んだこと
があると思います。

　私にとって『おおきなかぶ』はそれ以上でもそれ以下でもなく、
『おおきなかぶ』でした。だから、あんりちゃんが好きな絵本に『お
おきなかぶ』をあげたとき、「渋いな」と思いました。

　私はあんりちゃんに、「なぜ『おおきなかぶ』が好きなのか？」と
質問しました。

あんりちゃん　国語でやった話で唯一覚えているんですよね。愛情こめて育
　　　　てた大きなかぶをみんなで協力して収穫して最後はスープに
　　　　して食べるって、こんな平和な話ある？って思って！　こ
　　　　の話での悲劇はかぶが抜けないってだけなんですよ。

　あんりちゃんに説明されて、私は確かに『おおきなかぶ』はとても
良い話だと思いました。

　私　　私の中で『おおきなかぶ』は知っているけどただ知っている
　　　　だけで、ちゃんと読んでなかったのかもしれない。

あんりちゃん　洋風、和風、中華風、一体どんなスープにしたのかだけ気に
　　　　なりますね！　コンソメだったら嬉しいです。

　私　　コンソメいいな～。シチューみたいにミルク風味も捨てがた
　　　　いね。

　あんりちゃんといつかぼる塾で『おおきなかぶ』のスープを再現し
ようと約束しました。

　私はあんりちゃんと話をしている中で、私自身が『おおきなかぶ』
みたいだったなと思いました。

　本家の『おおきなかぶ』はおじいさんが「大きくなれ、甘くなれ」
と大事に育てて大きく成長しましたが、私バージョンの『おおきなか

ぶ』は怯えた私自身です。

　以前、私は育休中にいろいろと考えすぎて、ぼる塾を辞めたいと言ったことがありました。そのときはあんりちゃんとはるちゃんと田辺さんのおかげで立ち直ることができました。しかし、4人での活動を始めるにあたり、また大きな不安が押し寄せました。

　　私　（お客さんの前に出て、そのうえで4人目なんていらないって言われたらどうしよう。今まではいらないと言われても4人での活動を見たことない人が言っているだけだって思えたけど、もし、実際に私が参加したうえでたくさんの人からいらないって言われたら。怖い怖い怖いやだやだやだ怖い怖い怖い。私は舞台に立って良いんだよね？　いても良いのかな？　いる？　私っている？　いらない？　いる？）

　そう思いながら、おおきなかぶ（私）は不安で地面に深く深く潜っていました。おおきなかぶは地面の中で「怖い怖い」と震えていました。

　田辺さんがおおきなかぶを抜こうと引っ張ってくれました。
「うんとこしょ、どっこいしょ」
　それでもかぶは抜けません。
　すると、あんりちゃんとはるちゃんがやってきて、一緒におおきなかぶを引っ張ってくれました。
「うんとこしょ、どっこいしょ」
　それでもかぶは抜けません。
　すると、ぼる塾を応援してくれる人たちが次々にやってきて、みんなで私を引っ張ってくれました。たくさんの人が引っ張ってくれました。数えきれないほど応援の言葉をもらいました。

「うんとこしょ、どっこいしょ」

　酒寄さん、応援しています。４人のぼる塾が大好きです。

「うんとこしょ、どっこいしょ」

　すぽーん！　とおおきなかぶが飛び出して、みんなは喜んでくれ
ました。

「ありがとう」

　その中でも、明るい場所に出られた、おおきなかぶの私が一番喜ん
でいました。

　私はぼる塾を応援してくれる人たちから元気を貰うたびに、自分が
おおきなかぶだったことを思い出します。

　私は笑いというスープを振る舞い、みなさんに恩返しをしたいと思
います。

　最後に激ダサな一言が飛び出したところでこの話は終わりです。

CHAPTER
1

ワイワイ
ぼる塾生活

BORUJUKU LIFE

ぼる塾会議

ある日のことです。

「今後のぼる塾について４人でちゃんと話そう」

　私たちにしては珍しく真面目な話をするために、はるちゃんと田辺さんのシェアハウスに集まりました。その日はあんりちゃんが午前中に予定があったため、話し合いは13時から始めることになりました。午前中も空けられた私は早めにシェアハウスに行き、田辺さんとやっている『田辺の和室』というラジオもどきの番組を録音していました。

私　アンパンマンが新しい顔に変わるとき、昔の顔ってどうなるか知ってる？

田辺さん　え、何それ知らない！

　そんなことを録音しているとあっという間に13時になり、あんりちゃんが到着しました。

あんりちゃん　遅くなってすみません！

私　おはよう！

田辺さん　あんり、お茶飲む？

あんりちゃん　あ、じゃあ、お水もらいますね。

田辺さん　……良い茶葉があるのに。

はるちゃん　これでみんな集まりましたね！

あんりちゃん　今日はしっかり、今後のことを話し合いましょう。

　普段はだらだらしてしまう私たちですが、この日は真面目な話し合いをする予定だったので、すぐに話し合いに移る流れができました。

　しかし、私はこの話し合いを始める前に1つ不安なことがありました。それは話し合いが13時から始まるので、昼ご飯をみんなはどうするのかという問題です。

私　ごめん、大事な話し合いの前に1ついいかな？

あんりちゃん　はい、何でしょう？

私　みんな昼ご飯ってどうする？

　ふざけているわけではありません。私は空腹にとても弱く、食事をしないと仕事の能率が著しく低下します。ですから3食食べることが、1日の中の優先順位で上位にきます。ご飯が食べられないかもしれないと想像しただけで、軽くパニックを起こすほどです。

　夜に会った友人が「朝から何も食べていない」なんて言うのを聞いてしまうと、「何で動いてるの？」と倒したはずの敵に対するときと同じ気持ちを抱いてしまいます。

あんりちゃん　私は食べてきました！

はるちゃん　私、さっき軽く食べたので大丈夫です！

田辺さん　お腹空いてないわ。

私　………あー、なるほどね。

田辺さん　わかった！　酒寄さん何か食べたいのね！

　私が空腹に弱いことを知っている田辺さんは、すぐに私の問いの意味に気付いたようでした。

田辺さん　何か食べる？

私　え、でも話し合い中に私だけ何か食べるのも……。

あんりちゃん　気にしないで食べてください！　ご飯大事ですから！

はるちゃん　何食べます？

私　あ、じゃあコンビニ行って来ようかな。

田辺さん　そうだ！　さっき私があげたカレー食べたら？　パックご飯あげるよ。

　そう言った田辺さんの手には、もうサトウのご飯が握られていました。私は先ほど『田辺の和室』を録音している最中に、田辺さんから「そうだ、このカレー美味しいからあげるよ」と、部屋にあったよしもとの社員食堂のレトルトカレーをもらっていたのです。

私　え、ご飯もいいの？　じゃあ、そうしようかな。

田辺さん　あ、うどんも茹でられるよ。後は何があったかしら……。

　そう言って田辺さんは台所に行き、冷蔵庫の中をあさり始めました。

田辺さん　うーん、雑炊はできるよ。他は……冷凍庫に何かあるかしら。

　続いて冷凍庫の中をあさり始めました。

田辺さん　あ、シュウマイあったね。シュウマイ食べる？　ロールキャベツもあるね！　もっと何かないかしら？

あんりちゃん　何だか田辺さん、数年ぶりに突然娘が帰ってきたときのお母さんみたいですね。

私　田辺さん！　いいよ！　このカレー食べるから！

はるちゃん　酒寄さんの「田辺さん！」が、「お母さん！」に聞こえます！

田辺さん　あ、ファミマの冷凍の汁なし担々麺があるよ！　これ超美味しくて私いつもストックしてるの！　これにね、卵とご飯混ぜると美味しいよ！　これ食べない？

私　田辺さんが好きなやつなら私が食べるの悪いよ。

田辺さん　でもこれが一番作るの簡単だから。他のはちょっと大変だよ。

私　カレーとご飯温めるだけだよ。

田辺さん　汁なし担々麺が一番簡単だよ。カレー食べたら持って帰れるものなくなるよ。

私　でも田辺さんのじゃ……。

田辺さん　これが一番簡単だから。

　田辺さんはどうしても私に汁なし担々麺を食べて欲しそうでした。ここで私が抵抗すると、このまま何も食べられず話し合いもできずに夜になりそうだったので、私は汁なし担々麺をもらうことにしました。

　私　汁なし担々麺にしようかな。

　田辺さん　任せな！

　なんと田辺さん自ら汁なし担々麺を作ってくれるようでした。

　あんりちゃん　できるの待ちましょうか？

　私　ごめんごめん！　これ以上待たせたら悪いし、始めよう！

　田辺さん　電子レンジだけだからね！　ほら、一番簡単だったよ。

　しかし、私がこのとき良かれと思ってした自分の判断が、実は間違っていたことに後々気が付くことになります。

　私　じゃあ、始めようか。

　私たちはお互いが見えるように座って話し合いを始めました。

　はるちゃん　じゃあ、私からいいですか？　正直、今すごくもったいないことしてると思う。もっと漫才頑張れたと思う。

　はるちゃんはいつものにこにこ笑顔ではなく真剣な表情でした。ぼる塾を大切に思うが故に、厳しく自分の意見を言ってくれました。はるちゃんの言っている言葉はとても心に刺さり、自分ももっと何かできたことがたくさんあったはずだと私は反省しました。

　はるちゃん　ぼる塾はこんなもんじゃない！って、見せたいです！

　反省している中で、私の心にもう一つ強い気持ちが生まれていました。

　"電子レンジ、鳴らないでくれ"

　こんなに真剣な空気の中で電子レンジが鳴ったら最悪だと思いました（後に田辺さんからも「しばらく鳴るな！　って願ったよね。私と酒寄さんは同じこと考えてたよね！」とこのときの心境の報告がありました）。

　はるちゃん　劇場でもさ……。

それは……。

　話し合いは過熱していきました。あんりちゃんとはるちゃんは元々が幼なじみで付き合いも長い分、ぶつかり合うときは遠慮なくとことんぶつかり合うので空気がひりつくときもありました。

　"今じゃないよ！　まだ鳴らないで！"

あんりちゃん　次、私ちょっと長めに話してもいいですか？

　私　うん、話して欲しい。

あんりちゃん　あの、私、みんなにうまく自分の気持ちを話せなかったら嫌なのでノートに書いてきました。確認しながらでもいいですか？

　あんりちゃんはそう言ってノートを取り出しました。ちらっと見えた中身には小さな文字がびっしり書かれていました。

　"お願い、あんりちゃんの話の途中で鳴らないで！　レンジ!!"

　あんりちゃんはノートを見ながら一生懸命自分の気持ちを話してくれました。真面目なあんりちゃんだからこそ、この１年は悩みに悩んでいたことも伝わりました。

　そして、あんりちゃんがこうしてめちゃくちゃ熱い話をしてるときに、裏で電子レンジも加熱していると思うと私はドキドキしました。

あんりちゃん　私は自分の力量とか考えないでやってしまった分、いろんなことが中途半端になってしまったかもしれない。

はるちゃん　あんり……。

あんりちゃん　でもね、私は全部無駄じゃなかったと思う!!　全部ぼる塾の未来に繋がったと思うよ!!

電子レンジ　ピーピーピー!!!

田辺さん　あ、汁なし……。

　私と田辺さんがどうするべきかおろおろしていると、あんりちゃんが「作って来ていいですよ」と冷静なパスをくれました。

　それを聞いた田辺さんは、普段ではありえないほど俊敏な動きで立ち上

がり電子レンジに突進していきました。

　　　私　　あ、私やるよ！

　田辺さん　大丈夫よ!!　酒寄さんは座って話し合いを続けて、あ、熱っー、
　　　　　　あちあちあちあちあちー!!!!!!!!!!!!!!

　追いかけた私の目の前で、田辺さんが汁なし担々麺の袋を持って踊って
いました。

　あんりちゃん　大丈夫ですか？

　田辺さん　大丈夫よっ!!　そーりーっ!!　話し合いを続けて！

　　　私　　あ、私持ってくよ！

　田辺さん　いや、この皿熱いから！

　　　私　　大丈夫！　大丈夫！

　田辺さん　だから熱いって言ってるでしょー!!

　ヒートアップしていた話し合いの中で、唯一怒鳴り声を上げるまでに達
してしまったのは、横から熱い皿を持とうとした私が田辺さんに一喝され
たこの瞬間だけでした。

　　　私　　ごめん、一人だけ食べて……いただきます。

　あんりちゃん　気にせず食べてください！　熱いうちに！

　はるちゃん　そうです！

　食べてみると、この微妙な空気の中でも汁なし担々麺は美味しくて、最
近の冷凍食品はすごいなと思いました。みんなの話を聞きつつ食べ進めて
いると、私の斜め後ろにいた田辺さんが突然、

　田辺さん　きゃっ！

　と、明らかに私が汁なし担々麺のタレを飛ばしたように、体をのけ反ら
せて服を触っていたので、

　　　私　　ごめん！　汁飛ばした？

と、確認すると

「何でもないわ」と、紛らわしいことをして私を混乱させました。

23

そして最初に「お腹空いていない」と自己申告していた田辺さんは、話し合いの最中ずっとお菓子を食べていました。

私　うん、話し合いをして良かったね！

あんりちゃん　はい！　本当に良かったです！

はるちゃん　今日があって良かったです！

田辺さん　良かったよ〜！

　いろいろありましたが、全員が心から話し合いをして良かったと思える話し合いができました。

　帰宅後、田辺さんから「今日は無事に話し合いができて良かった！」と連絡が来たので、私たちは話し合いについてまた話し合いをしました。電子レンジ今鳴るな！と２人して思っていたことなども話しました。

　私は気になっていたので、

「１度、田辺さんが話し合いのとき、のけ反ってめちゃくちゃ服触っていたでしょ？　私、汁なし担々麺のタレ飛ばしたかと思ったよ」

　と、あのときの謎の動きについて触れてみると、田辺さんは、

「あれね！　私も飛んだのかと思って見たら、私が着てた服のチキン柄がタレと同じ赤色だったの！」

　田辺さんは「今考えると愉快だね」って言ってました。

BORUJUKU LIFE

誕生祝いと ボケラッシュ

　ぼる塾初５大都市ツアー「オードブル」東京公演前日のことです。

　その日は本番前日だったこともあり、夜に行われるリハーサルまでしっかり稽古をしようと早くから田辺さんとはるちゃんのシェアハウスに集まりました。

私　　（いよいよ明日が本番か……怖い……）

　私は明日のことを考えてすでにびびっていたのですが、稽古の前にとても嬉しい出来事がありました。

あんりちゃん　**はるちゃん**　**田辺さん**　酒寄さん、お誕生日おめでとう!!

　３人が私の誕生日を祝ってくれたのです。私がずっと「食べたい」と言っていたあんりちゃんの手作りカレーを食べて、はるちゃんが買いに行ってくれた田辺さんおススメのケーキを食べて、３人からびっくりするほどたくさんプレゼントをもらいました。

私　　ありがとう！　すごく嬉しい！

あんりちゃん　私も、誕生日に私の手料理食べたいって言われたの初めてだったので、めちゃくちゃ嬉しかったです！

はるちゃん　ママー！　生まれてきてくれてありがとうー！

田辺さん　素敵な誕生日会だったわ。お腹いっぱいで眠い……もうこのままネタ合わせせずに帰りたいわ。

あんりちゃん　ここあんたの家だよ。

田辺さん　そうだったね。

はるちゃん　そろそろネタ合わせ始めましょうか？

私　そうだね！　あ、待って！　ネタ合わせ始める前にもらったプレゼントまとめさせて！

　机の上には3人がくれたたくさんのプレゼントがありました。

はるちゃん　この荷物持って帰るの大変ですよね。どうやって持って帰りましょうか？

あんりちゃん　あ！　私がカレーの鍋入れてきた大きな黒いカバンと同じやつ、はるちゃんも持ってるよね？　あれに入れたら？

はるちゃん　あんり、ナイスアイデア！　私ちょっと持ってきますね！

あんりちゃん　私も忘れないうちにカレー鍋、カバンにしまっておこう。

　あんりちゃんはお手製カレーを家で作ってここまで持ってきてくれたのですが、

あんりちゃん　カレーはたくさん作ったほうが美味しいから、一緒に住んでる家族の分もまとめて作ったらとんでもない量になりました。

　と、とても大きな鍋に入れて持ってきてくれました。その大きなカレー鍋を入れてきたのが話に出た大きな黒いカバンでした。あんりちゃんがカレー鍋をカバンにしまいながら言いました。

あんりちゃん　これ、仕事でたくさん荷物が増えたときに「良かったらこれに入れて持って帰ってください！」ってもらったんですけど便利ですよ！

私　確かに、この大きな鍋が入るカバンってなかなかなさそう。

あんりちゃん　はい！　これ軽いし、マチがあるから安定するし、中が保冷バッグになってるんですよ！　でもデザインがおしゃれだから、まさかこの中ででかいカレー鍋が入ってるとは思いませんよね。

私　うん！　このカバン担いだあんりちゃん、スタイリストさんみたいだったよ！　あんりちゃん、明日の衣装とか今日全部持ってきたのかと思った。

あんりちゃん　まさかカレー鍋の運び屋には見えませんよね。私が到着したとき

　もう酒寄さんいたじゃないですか。でも、私を見ても酒寄さんは
このカバンの中のカレー鍋に気付いてなさそうだったので、カ
レーはぎりぎりまで隠してサプライズにできるって思ったんです。
それなのに、まさか、はるちゃんが、「**あんり！　カレーありが
とうね!!**」ってあんなにすぐにばらしちゃうとは……。

はるちゃん　いや〜、カレーはサプライズってことうっかり忘れてた！　ご
めんね！

私　サプライズじゃなくても美味しさは変わらないよ！　すごく美
味しかったよ！

はるちゃん　酒寄さん、これあんりのと同じカバンです！　使ってくださ
い！

私　ありがとう！

　たくさんもらったプレゼントは、はるちゃんに渡された大きな黒いカバ
ンになんとか全て入りました。

私　入った！　ありがとう！

あんりちゃん　じゃあ、ネタ合わせ始めましょうか。

田辺さん　そーりー！　ちょっとトイレに。

　田辺さんのトイレを待ち、ネタ合わせを始めました。

田辺さん　とても眠いわ。

　田辺さんはあんりちゃんのカレーのあまりの美味しさについ食べ過ぎて
しまい、ネタ合わせ中もずっと眠そうでした。

あんりちゃん　明日本番なんですから、しゃきっとしてくださいよ！

田辺さん　そうね！　しゃきっとするわ！

はるちゃん　じゃあ、コントをもう1度練習しましょうか。

私　はーい！

田辺さん　私、かますわ！

あんりちゃん　あ、田辺さん何か企んでる。

田辺さん まぁね〜。

　そのとき私たちが練習していたのは町中華のコントで、私が新人アルバイトではるちゃんがベテラン店員、あんりちゃんと田辺さんが常連客というものでした。明日が本番ということもあり、みんな真剣に練習していました。しかし、常連客の田辺さんが入店するとき、事件が発生しました。

はるちゃん いらっしゃいませ〜！

知らないおじさん こんにちはー！

あんりちゃん ストップ！　え、知らないおじさん入ってきたんだけど！

はるちゃん え、今のおじさん誰!?

私 今おじさんいた！

　田辺さんがどう喉を震わせたらそんな声が出せるのか、知らないおじさんの声で店内に入ってきたのです。

田辺さん 「やってる？」ってせりふのところを「こんにちはー！」ってアドリブでかまそうと思ったら、なんかどきどきして変な声が出ちゃった。

あんりちゃん 田辺さん、アドリブに弱すぎます。

はるちゃん でも声はすごかったです！　本当におじさんでしたよ！

私 本当に知らないおじさんが侵入してきたかと思ったよ。

あんりちゃん 今の本番でできたらすごいですよ。

田辺さん いや、二度と再現できないね。

　こうして知らないおじさんの侵入により、ネタ合わせに不穏な空気が漂い始めました。知らないおじさんのことは忘れて私とはるちゃん2人の会話のシーンを練習していると、

あんりちゃん ぶふぉっ。

　突然、あんりちゃんが噴き出しました。

私 何!?

はるちゃん どうしたの？

田辺さん　あんり、大丈夫？

あんりちゃん　田辺さん、お腹丸出しになってます。

　あんりちゃんが指さしたほうを見ると、どうしたらそうなるのか、田辺さんのお腹が丸出しになっていたのです。

田辺さん　あら、やだ。

はるちゃん　田辺さん！　何してるんですか！

田辺さん　私は何もしてないわ！

私　何もしないでそんなお腹丸出しになることある？　わざとお腹出したんじゃない？

田辺さん　何でそんなことする必要があるのよ！　私は無実よ！

あんりちゃん　何気なく隣に座っている田辺さんを見たらお腹丸出しだった私の気持ち考えてください!!　これは罪です!!

田辺さん　あ！　これはあんりのカレーのせいよ！　美味しくて食べすぎちゃったからお腹が飛び出したのよ!!

私　それも結局、田辺さんのせいでは？

あんりちゃん　知らないおじさんになるわ、セクハラしてくるわ、田辺さん不真面目すぎます！　いい加減にしてください！

はるちゃん　そうですよ！　明日本番なのに！

田辺さん　何よっ!!　私ばっかり悪者にして、もうあったまにきた!!　お腹出なきゃ良いんでしょ!!　はいはい!!　わかりましたよっ!!

　田辺さんはそう言って怒鳴ると、着ていたウエストがゴムのスカートを胸のあたりまで思いっきり引き上げて言いました。

田辺さん　ふんっ！　これだけ上げればお腹出ないわよ。

　私　田辺さん、デカパンそっくり!!

　スカートを引き上げた田辺さんは、漫画『おそ松くん（さん）』に登場するパンツ一丁で出歩くキャラクターのデカパンにそっくりだったのです。

その田辺さんを見て、あんりちゃんとはるちゃんがついに膝から崩れ落ちて笑い始めました。

あんりちゃん 田辺さん!!　これ以上ふざけるのはやめてください!!

田辺さん 私は真面目よっ!!

私 さっきコントに勝手に入ってきた知らないおじさんってデカパンだったのか。

田辺さん 何で笑うの!?　私のどこがおかしいのよ!!　あんりとはるちゃんは私ってだけで全然面白くなくても笑うから信用ならないわ！

はるちゃん 田辺さん、自分の姿をちゃんと見てください!!

私は田辺さんを写真に撮って本人に見せました。

田辺さん 誰!?　この変態!!

あんりちゃん あんただよ。

あんりちゃんは特にツボに入ったらしく、「く、苦しい〜」と言って大笑いしていました。

田辺さん あんり、笑い過ぎよ。

あんりちゃん くくくっ苦しいっっ。

田辺さん 大丈夫？　何か飲む？　ほうじ茶とか。

あんりちゃん ちょっ、この変なタイミングで優しくしないでくださいっ！

田辺さん 何か飲んだ方が良いわよ。ほうじ茶淹れようか？

あんりちゃん じゃあっすみませんっ……落ち着くためにお水くださいっ。

田辺さん わかったわ。ほうじ茶淹れるわね。

田辺さんはどうしてもほうじ茶を淹れたいようでした。田辺さんはほうじ茶を淹れて、少し落ち着きを取り戻したあんりちゃんに渡しました。

田辺さん はい、新しいほうじ茶。

あんりちゃん ありがとうございます。

そんな2人を見てはるちゃんが言いました。

はるちゃん 今の2人、セーラームーンの有名なシーンみたいだったね。

私　　　？

田辺さん　セーラームーンにそんなシーンあったかしら？

あんりちゃん　いや、私もちょっとわかりません。

はるちゃん　え、有名じゃん。

　私は頭の中でセーラームーンを思い出しましたが、お茶の受け渡しをする有名なシーンを見た記憶はありませんでした。

田辺さん　セーラームーンにお茶渡すシーンなんてあった？

あんりちゃん　はるちゃん、何かと勘違いしてない？

はるちゃん　あ、セーラームーンじゃなくてアンパンマンだった！　新しい顔よーって！

あんりちゃん　全然違うじゃねーかよ!!

田辺さん　アンパンマンもそんなに似てないわ。

あんりちゃん　はるちゃんっ、ちょっと……セーラームーンとアンパンマンを間違えるってっ……あははっ苦しい〜っ!!

私　　　あ、またあんりちゃんのツボに入った。

あんりちゃん　田辺さんもはるちゃんもさっきからボケてきて！　私をどうする気!?

田辺さん　あんりは笑いのツボが浅過ぎよ。

あんりちゃん　もっと２人とも真面目に生きてください！　明日本番ですよ！

　その後、なんとかネタ合わせに戻って真面目に練習をしました。

はるちゃん　あ、もうこんな時間！　そろそろリハーサル向かいます？

あんりちゃん　あ、すみません。私リハーサル行く前に１回家に戻ってカレー鍋置いてきても良いですか？　荷物になっちゃうので。

田辺さん　大丈夫よ。

あんりちゃん　私、家からそのままルミネ向かいますね！

　あんりちゃんは大きな黒いカバンをひらりと肩にかけて格好良く言いました。

あんりちゃん　じゃあ、後ほど！

私　あんりちゃん！　それ、私の誕生日プレゼント!!

　あんりちゃんは間違えて、カレー鍋ではなく私の誕生日プレゼントを持って帰ろうとしたのです。

田辺さん　同じカバンを取り違えるって漫画じゃよくあるけど、こんな漫画みたいな間違いする人初めて見たよっ!!

はるちゃん　わかります！　開けたら大量の札束が入ってた！みたいなのですよね！

私　私が帰宅して「今日、誕生日プレゼントいっぱいもらったんだよ！」って家族に見せようとしてカバン開けたら、でかいカレー鍋出てきて「たくさんって大量のカレー？」ってなるところだったよ。

あんりちゃん　いや〜。つじつまは合いますね！

　みんなで大爆笑しました。

\BORUJUKU LIFE/

今日は
ピザパーティー

　ぼる塾単独ライブ『ピザパーティー』当日のことです。

田辺さん　少し休憩しましょう。

あんりちゃん　そうですね。そうしましょう。

はるちゃん　休むの大事ー！

　私たちは早く集まってネタ合わせをしていたのですが、あんりちゃんが桃太郎という設定の漫才で、ナレーション役の田辺さんが、

田辺さん　おばあさんは男の子に金太郎と名づけました。

　と、疲れが見えるミスをしたので少し休憩することにしました。

田辺さん　こういうときは1回ね、休憩挟んだほうが良いのよ。

私　そうだね。

あんりちゃん　そういえば、田辺さん、酒寄さんに今日の夢の話しました？

田辺さん　まだよ。

私　何それ？

あんりちゃん　面白かったから、ぜひ酒寄さんにも話してくださいよ！

田辺さん　面白いかしら？　いや、あんりとはるちゃんには、酒寄さんが来る前に話したんだけどね。

　そう言って、田辺さんは話し始めました。

田辺さん　今日、大阪から北海道まですぐ移動しなきゃいけないって夢を見たの。

私　うんうん。

田辺さん　大阪には本当に漫才やっている5分しか滞在できなくて、すぐ

に飛び出して飛行機に乗ったんだけど、私、飛行機に乗ってから自分のキャリーケースがないことに気付いて。

私 うんうん。

田辺さん あんりもはるちゃんも自分のキャリーケース持ってて、私が「私のキャリーケース知らない？」って聞いても2人とも見てないって。

私 うんうん。

田辺さん 漫才の衣装とかも全部そのキャリーケースに入れていたから、私「やばい!!」ってなって。でも、大阪の劇場にマネージャーのMさんがいること思い出して、北海道に着いてすぐMさんに「私のキャリーケースありませんか!?」って連絡したの。

私 それで？

田辺さん そうしたらMさんが「それっぽいのない」って言って！ 私が「よく見たんですか!?」って言ってもMさん「ない！」って言ってきて。

あんりちゃん Mさん信用されてねーな。

田辺さん 私、北海道でパニックになって、「きゃー!! やばいっ!!」ってところで慌てて飛び起きたの。

　田辺さんはあまりにも恐ろしい夢だったのか、思い出して震えていました。

田辺さん それで起きてすぐに夢占いで調べたの。

私 どうだったの？

田辺さん 夢占いを調べたらさ、私ね、今まで築き上げてきた信頼とか財産とか、今日、全部失うらしいよ。

私 え、今日？ この後？

あんりちゃん 普通夢占いって「〇〇が出てくる夢はあなたが心に不安を抱えていることを表します」とかそういうのじゃないですか。でも田辺

さんは？

田辺さん　今日で私は地位も金も全部失うらしいの。

私　田辺さんどんな夢占いしてるの？

田辺さん　どんなって普通の夢占いよ。

あんりちゃん　だから今日のライブで田辺さんとんでもないことやるんじゃないですか？

田辺さん　やだ！　怖い！

あんりちゃん　一緒の舞台に出るこっちが怖いですよ。

　そんな話をしていると、練習用に別の楽屋が使える時間になったので、私たちは移動することにしました。

あんりちゃん　とりあえず移動しましょうか。

田辺さん　そうね。

　私は田辺さんが移動のために大量の自分の荷物を持っている姿を見て、

私　（田辺さん、今持ってるこの荷物も今日の終わりには全て失っているかもしれないのか）

　と、なんだか気の毒になりました。そして田辺さんは今日全てを失うかもしれないのに、移動のエレベーターの中で

田辺さん　ライブ21時終わりって、終わったら絶対お腹すくよね。

　と、かなり手前の心配をしていました。

　3階の楽屋につくと、田辺さんは置いてあった飴やラムネを見て、「これ食べても良いのかしら？」と言いながら食べ始めていました。

田辺さん　あら〜、やっぱりラムネって美味しいね！

あんりちゃん　私、ラムネって苦手なんですよね。

私　え、何で？

あんりちゃん　ラムネって、じんわり甘くなって恋愛みたいじゃないですか。

田辺さん　はい！　出たー！　あんりの名言！　酒寄さん書き留めておきな！

私 オッケー！　えっと……待ってね！　……ラ、ム、ネって、じんわり……甘くなって、恋、愛、みたいじゃないですかっ……で、一字一句間違いない？

あんりちゃん やめてくれ！

田辺さん いや、このラムネはまさに恋愛の味だよ。

あんりちゃん うるせーな！　あ、私も飴もらおう！

あんりちゃんは照れ隠しなのか飴の物色を始めました。

あんりちゃん ぶどうにするか……桃にするか。迷うなー……ぶどうも桃も食べたい……。

田辺さん どっちも良さがあるわね。

私 確かに、ぶどうも桃も捨てがたいね！

あんりちゃん よし！　決めた！

田辺さん どっちにするの？

あんりちゃん どっちも諦めてりんごにします！

田辺さん 私 え!?　何で!?

あんりちゃんは全く選択肢になかったりんごの飴を食べ始めました。

あんりちゃん だって、ぶどうと桃どっちか選べなかった時点でどっちを選んでも後悔が残るじゃないですか。もうどっちか選んでもそれへの100%の愛じゃないんですよ。だったらどっちも選ばないで、全く選択肢になかったりんごを選んだら、もしかしたらそのりんごが100%愛せる存在になるかもしれないじゃないですか！

田辺さん 全然わからないわ。

あんりちゃん 何でわかんねーんだよっ!!　だから、例えると、田辺さんと酒寄さんが私のことが好きで争ってるんです！　私は田辺さんか酒寄さんどっちを選んでも100%の愛じゃないんです!!　だから……なんだよ、この気持ち悪い例え話はっ！

田辺さん 私に怒られても困るわ！

36

　あんりちゃんは自分の言い出した例え話で田辺さんにキレていました。

私　　まぁ、例え話は抜きにして、あんりちゃんの言いたいことわかるような気もしてきたよ。

田辺さん　え？　何で!?　全然わからないわ。

あんりちゃん　じゃあ、田辺さんはどうするんですか？

田辺さん　ぶどうと桃、両方食べれば良いじゃない。

あんりちゃん　それはどっちにも裏切りですよ！

田辺さん　え!?　飴の話でしょっ？

　※飴の話です

田辺さん　飴なんだから、桃に一言ごめんなさいして、まずぶどうを食べて、良きところで桃の飴も食べたら良いじゃない。

あんりちゃん　田辺さん、あんたを見損なったよ。

田辺さん　え!?　だから飴の話よね？

私　　私も、なんかそれはずるい気がする。

田辺さん　え!?　ずるいって何が!?

　私も聞かれると何がずるいのかわかりませんが、とにかくずるいと思いました。

私　　じゃあ、飴じゃなくて中華料理だったらどう？

田辺さん　中華料理？

あんりちゃん　あ、麻婆豆腐と酢豚、両方食べたいときとかですね。

私　　そう！　麻婆豆腐定食と酢豚定食で迷ってどっちかしか頼めないとき！

あんりちゃん　わ〜！　迷いますね！　もちろん友達とのシェア禁止ですよね!!　それはずるですからね！

私　　そう!!　お腹空いてるから食べられるとか言って、定食に追加でおかず単品注文とかもなし!!　それはずる！

あんりちゃん　わかる!!　それはずるです！

私とあんりちゃんはずるに対してのフィーリングがとても合いました。

あんりちゃん　私は麻婆豆腐定食と酢豚定食で迷ったらチンジャオロース定食にしますね！

　私　あ、飴のときと一緒だ！

田辺さん　え〜？

あんりちゃん　麻婆豆腐も酢豚もどっちにするか悩んだ時点で100％の愛じゃないですからね。私、実際に全く選択肢になかったチンジャオロースにして、「私が本当に食べたかったのこれだわ！」ってなったことありますよ。

　私　田辺さんはどうする？　飴みたいに２個は食べられないよ！

あんりちゃん　そうですよ！　どうします！

田辺さん　私は……。

はるちゃん　あー！　荷物多くて遅れちゃったー!!　遅くなってごめんね！

　そのとき遅れてはるちゃんがやってきました。

田辺さん　平気よ。お菓子食べてただけだから。

はるちゃん　ごめんねー！　私いなくてみんな寂しかったねー！

田辺さん　誰も寂しくないわ。

　私　そうだ、はるちゃんなら麻婆豆腐定食か酢豚定食で迷ったらどっちにする？

はるちゃん　え？　麻婆豆腐と酢豚？

あんりちゃん　友達とのシェアとか駄目だよ！　必ず１個に決めないといけないよ！

はるちゃん　うーん……あ！

　私　何？

はるちゃん　ごめーん!!　おならしちゃったー！

あんりちゃん　はるちゃん！　あんた田辺さんのほうに手であおいでるじゃん！

　はるちゃんは笑いながら自分がしたおならを全て田辺さんのほうに送っていました。

田辺さん　やめてっ！

はるちゃん　ごめんねー。

あんりちゃん　で、はるちゃんは麻婆豆腐と酢豚どっちにする？

　おならが全て田辺さんに送られたのを見届けてから、あんりちゃんが言いました。

はるちゃん　私は酢豚にするかなー。お酢使ってるから体に良いかもって！体に良さそうなほうにする！

あんりちゃん　なるほどね。健康を意識して選ぶって考え方もあるね。

私　田辺さんはどうする？

田辺さん　私？　麻婆豆腐と酢豚でしょ？　え〜。

あんりちゃん　飴みたいにどっちも食べるはなしですよ！

田辺さん　え〜？　駄目〜？

　田辺さんは本当に食べるわけではないのに真剣に悩み始めました。

田辺さん　まーぼー……すぶた……。

はるちゃん　ほら、店員さんが注文まだかなって田辺さん見てますよ！

田辺さん　え〜？　私は〜。

あんりちゃん　私は？

田辺さん　泣く。

　田辺さんは泣いていました。

恩を
カロリーで返す

　ぼる塾がお世話になっている作家さんにMくんがいます。Mくんとは、田辺さんと私のコンビ「猫塾」の頃からの長い付き合いです。

　MくんはYCCという作家を目指す養成所に通っていたのですが（芸人を目指す養成所はNSCです）、YCC生が芸人と一緒にネタを作ってライブで披露するという授業があり、猫塾チームにMくんがいたのです。

　そのとき披露したのはこのようなコントです。

　田辺さんが服の試着の際、無理にサイズの小さいスキニーパンツをはこうとして締め付けられて殺されます。スキニーパンツに殺された田辺さんの幽霊が成仏できずに試着室に住み着き、うっかりその試着室に入ってしまった私に、田辺さんが

「私がスキニーパンツをはくのを手伝って！　じゃないと呪うわよ！」

とお願いし、最後はなんとかスキニーパンツをはいて田辺さんが成仏するというものでした。今でも大好きなネタです。

　このときにとても仲良くなり、Mくんと猫塾とでネタを作ったり遊んだりするようになりました。

　それからいろいろあって、私たちはぼる塾になることが決まりました。ぼる塾になっても我々にはMくんが必要だと思い、田辺さんからMくんへ直接、コンビ解散とカルテット結成の報告をしてもらうことにしました。

　その夜、田辺さんから「Mくんに伝えたよ！　YouTubeも協力してくれるって！」と連絡が来たので、育児で直接会いに行けなかった私も

「田辺さんから聞いたと思うけど、ぼる塾として頑張っていくことになりました。私は直接言えなくてごめんなさい。これからもよろしくお願いします」と連絡しました。

　Mくんからは「これからもよろしくお願いします。田辺さんに寝かせ玄米のお土産までもらってしまいました」と、田辺さんから寝かせ玄米をもらった報告がありました。

　その後、Mくんはあんりちゃんとはるちゃんとも顔合わせをし、すぐにぼる塾になじみました。

　Mくんにネタ作りを協力してもらったときのことです。私とあんりちゃんとMくんで隅に集まり、田辺さんは漫画、はるちゃんはネットニュースに夢中になっていました。

　　私　　Mくんいつもありがとうね！

あんりちゃん　本当に助かってます。大変でしょ。ぼる塾。

　Mくん　いえいえ、とても楽しいです。

　そう言いながらもMくんの表情は少し曇っていました。

　　私　　え？　本当に大丈夫？

　Mくん　実はぼる塾さんと一緒にいることで問題が発生して……。

　　私　　え？　何？

　Mくん　僕の女子力と体重の増加が止まらないんです!!

あんりちゃん　確かに！　最近MくんはM子になってる!!　この前も……。

　そう言ってあんりちゃんは話し始めました。

あんりちゃん　その日は私とMくんで本社に行く用事があったんです。

　　私　　うんうん。

あんりちゃん　そしたら知り合いの社員さんに会って、「お、あんり縮毛矯正かけた？」って聞かれて。ちょうどその日に美容院で縮毛矯正かけたばかりで、髪の毛を下ろしてたんです。

私	うんうん。
あんりちゃん	私が「はい！」って言ったら、「かけたんだ。それじゃ」って社員さんは去って行って。いや、なんか気が付いたならもう一言欲しいじゃないですか！「可愛いよ！」とか「いいじゃん！」とか。
私	確かに。
あんりちゃん	で、私が「いや、可愛いとかないんかい！」って言ったら……。

M子「きー！　悔しい！　絶対見返してやりましょ!!」って、本当に私以上に悔しがってくれました。

Mくんを見ると、

Mくん	本当にあのときすごく悔しくって。可愛くなりたいってなぜか僕まで思ってしまいました

と、あの日を思い出したのか悔しそうな顔をしていました。

Mくん	ぼる塾さんに会ってから化粧品にもすごく詳しくなりました。
あんりちゃん	YouTubeの編集でも、詳しい商品情報載せてくれますもんね。
Mくん	クッキーとかにも「美味しいな」だけじゃなくて「あら、可愛い」って感想を持つようになりました。
私	ぼる塾に出会って変わったね。
Mくん	はい。とても楽しいです。でも、とりあえず痩せたいです。
田辺さん	私も。
あんりちゃん	あ、田辺さんは入ってこないでください。
田辺さん	何でよ!!

　そう言いながら田辺さんはカバンから大きいクッキー缶を出して（彼女はミンティアやグミ感覚でクッキー缶を持ち歩きます）、「これ美味しいから食べてみて！」と、いきなりMくんのダイエットの邪魔をしていました。

　こうしてMくんからの恩をカロリーで返すぼる塾ですが、最近私はMくんからYouTubeの動画編集を教えてもらうようになりました。

　この前、パソコンの予測変換でディズニーという文字が出るのを待たず

に小さい「ぃ」を出す方法を教えてもらっていたときに（XとIを打つと「ぃ」が入力できるそう。動画編集以前の問題です）、衝撃の事実が発覚しました。

　私　え？　Mくんってぼる塾のYouTubeがほぼ初めての動画編集だったの!?

　Mくん　はい。YCCの授業で２回やったくらいでした。

　私と田辺さんは、Mくんがいつもノートパソコンを持っていたので、パソコンを持っている＝動画編集ができると思っていたのです。

　私　無茶苦茶なことお願いしてたんだね！　ごめん!!

　Mくん　いや、動画編集は覚えなくてはいけないと思いつつ、ずっと逃げていたのでちょうどよかったんです。

　私は以前、田辺さんが「あらゆることから逃げ切りたい!!」と言っていたことを思い出しました。

　私　ぼる塾結成報告のときにはもう、「YouTubeの編集をお願いしたい」って田辺さんが頼んでたよね。

　Mくん　ああ、あの日の田辺さんは今でも覚えてます。

　そう言って私が不在だったあの日の出来事を話してくれました。

　Mくん　あの日は、田辺さんから「大事な報告があるから来てほしい」と、渋谷ヒカリエのレストランフロアに呼び出されたんです。

　不良は校舎裏に、田辺さんはヒカリエのレストランフロアに呼び出すようです。

　Mくん　田辺さんに「何か食べたいものある？」と聞かれて、僕が店を選んでいたら、田辺さんが「実はね、猫塾を解散して今度からぼる塾ってカルテットになろうと思うの」って話し始めて。

　私　店入るまで待てないもんかね。

　Mくん　僕が「え？」って言ったら、田辺さんは「YouTubeも始めよう

と思ってるんだけど、編集お願いできる？」とお願いしてきて。

私　店入ってから言えばいいのに。

Mくん　僕も店を選ぼうとしていたところで突然言われたので「もちろんです。でも」って話始めようとしたら、田辺さんが、「ありがとう！　ここね、メゾンカイザーのパンが食べ放題できるところなんだけど……」と言ったんです。なんと、店は最初から決まっていたみたいです。

私　なんだそりゃ！

その後、話したいことは済んだ状態で店に入ったそうです。

Mくん　田辺さんはパンに合うスープセットを時間かけて慎重に選んでいました。

私　どこに時間かけてるのさ。

Mくん　食べ放題のパンを「全種類食べたい」と言ったものの、途中でお腹いっぱいになってしまって悔しがってました。でも田辺さんが同じパンをおかわりしていたせいもあると思います。

　私はそれまでずっと冷静だったMくんが、おかわりの部分だけちょっと怒っているように感じました。私も"何で全種類目指しているのにおかわりするんだ"と思ったので、その気持ちはわかりました。

　あとで田辺さんに何でおかわりしちゃったのか聞いたら、
「やっぱり、美味しいやつは何回もいきたいよ。難しい問題だよ……。ジレンマ」
　と言ってました。

　ある朝のことです。その日は早い時間からぼる塾4人での仕事がありました。順番にメイクをしてもらうため、はるちゃんが先に向かいました。あんりちゃん、田辺さん、私の3人でぼんやりしていると、マネージャーさんが待機場所にあったテレビで『ラヴィット！』をつけてくれました。

田辺さん　今日は水曜メンバーね！

私　月曜日だったらぼる塾がレギュラーだからぼる塾見ながらみんなと話せたね。いつか月曜日も一緒に見たいね。

あんりちゃん　酒寄さん、『ラヴィット！』は生放送なのでそれは不可能ですよ。

私　本当だ。

　しかし、そんな私の小さな願いが神に届いたのか、番組を見ていると私がよく知る3人が登場したのです。

あんりちゃん　酒寄さん、実はナイスタイミングなんですよ！

　その日の特集はみかんゼリーだったのですが、お取り寄せみかんゼリーのVTRにぼる塾が出演していたのです。

ナレーション　芸能界一のスイーツ女王、田辺さん率いるぼる塾の3人です。

あんりちゃん　え？　ぼる塾って田辺さんが率いてるんですか？

田辺さん　私、率いたことないわ。

あんりちゃん　私も率いられた記憶ないです。

田辺さん　だって一度もないもの。とんでもないナレーションミスだね。

あんりちゃん　訴えて良いですか？　田辺さんを。

田辺さん　何で私なのよ!!　番組に言ってよ！

あんりちゃんと田辺さんは喧嘩になりそうでしたが、テレビに美味しそうなみかんゼリーが映るとすぐに大人しくなりました。2人は「これすごく美味しかった」「酒寄さんにも食べさせたい」「むしろまた私が食べたい」「みかんが丸々1個入ってて豪華なはずなのに、田辺さんと比較するとそのみかんが田辺さんのでかさで小さく見えるからみかんが損してる」「何でよ!!」などの解説をいれてくれて、さらに愉快な感じでVTRを見ることができました。

　番組ではみかんゼリーの紹介の途中で夏の思い出の話になり、あんりちゃんがウエットスーツの話をしていました。

田辺さん　あら、あんりの話が出たってことは時間的に私のほうはカットかしら？

私　田辺さんも何か話したの？

田辺さん　ええ。でも朝の番組なのに暗い話しちゃったから、やっちゃった！って思ってたのよ。

あんりちゃん　あの話は切なかったですね。

田辺さん　まぁ、暗い話だったし。朝にもみかんゼリーにも合わないわ。

　田辺さんはそうは言っても少しショックを受けているように見えました。そのまま番組を見ていると、テレビの中の田辺さんが夏の思い出を話し始めました。

田辺さん　あら、私も採用されたのね！

あんりちゃん　良かったですね！　終わった後で「朝の番組なのに悲しすぎる話しちゃったからカットかもしれない」って田辺さん落ち込んでましたもんね。

田辺さん　あ〜、良かったわ。カットは嫌よ。

私　良かったね！

あんりちゃん　でもこの話、切ないですよね。私聞いていてすごく切なくて、マジで泣きそうになりました。

　　私　　そんな切ない話なんだ。

　田辺さんの切ない夏の思い出はBBQ合コンでした。田辺さんがBBQ合コンでバイト先の後輩の女に陥れられてお局ポジションにされたり、みんなが買い出しに行く中、一人で荷物の番人として留守番をさせられたり（しかも真っ暗な夜のBBQ場で）、待っている間に居眠りしていたら、戻ってきた後輩の女がそれを見て「起こしたらかわいそうだから田辺さんは寝かせておいてあげよう」と言い出して、全員納得したためにBBQ合コンなのにひたすら眠った（言われた時点で起きていたのでほぼ寝たふりをしていた）というものでした。

あんりちゃん　あれ、おかしいな。私、田辺さんの話聞いてて、めちゃくちゃ
　　　　　　　笑ってる。

　テレビに映るあんりちゃんは大爆笑していました。

あんりちゃん　おかしいですね。私、泣きそうだったはずなのにな。番組側、も
　　　　　　　しかして私の顔だけ差し替えました？

田辺さん　番組、そんな暇ないわよ！

あんりちゃん　いや～、おかしいですね～、気持ちは泣いてたんですけどね。

田辺さん　あんた普通に収録中大笑いしてたよ！

　田辺さんの切ない夏の思い出話も終わり、VTRからスタジオに進行が切り替わりました。水曜メンバーの中でくじに当たった人がお取り寄せのみかんゼリーが食べられるというコーナーが始まりました。

あんりちゃん　みんな座ってるのに、盛山さんだけ何で立ってるんだろう。

　確かにスタジオにカメラが戻ったとき、他の人たちはみんな座っているのに見取り図の盛山さんだけ立っていました。すると田辺さんが突然叫びました。

　田辺さん　見て、盛山さん、髪の毛切ってる！

あんりちゃん　それは良いでしょ、別に切っても。

盛山さんは最近美容院に行ったのか、髪の毛が少し短くなりさっぱりしていました。

田辺さん　ちゃんと見て！　今の盛山さんっ、昔、私が髪の毛短くしたときにそっくり！

あんりちゃん　え??

田辺さん　ほら！　あったじゃないっ!!　私が1回短くしたとき！

　あんりちゃんと私は盛山さんを改めて見直しました。

あんりちゃん　本当だ!!　あのときの田辺さんだ！

私　確かに似てる！

田辺さん　でしょっ!!　今の盛山さん、超あのときの私なんだけど！

　田辺さんは盛山さんをまじまじと見ながら「いや〜、本当に似てるね。お互い髪の毛が長いと別に似てないのに不思議ね」と世の中の不思議を増やしていました。

田辺さん　ところで盛山さんは何で立ってるのかしら？

あんりちゃん　さあ？

田辺さん　盛山さんが立ってるから、バランス取るために私、寝転がるね。

　田辺さんはそう言って寝転がりました。私は、『ラヴィット！』メンバーは自分がレギュラーの曜日じゃないときでも見えないところでバランスを取ったり、番組のことを考えたりしているんだなと思いました。

田辺さん　盛山さんが座ったら私も座るわ。

　盛山さんはくじにインチキがないかを疑って立っていたらしく、その後、盛山さんはくじのインチキを暴こうと大暴れしていて、田辺さんは「ああ、そんなに暴れて、私はもっと休憩しないと。困ったね」とこの世で一番困らなくて良い悩みを抱えていました。

　番組は再びVTRに戻り、ぼる塾の3人が映りました。次に登場した高級みかんゼリーに、番組内の田辺さんは無意識なのか姿勢が超前のめりに

なっていました。それに対して番組内のあんりちゃんが、「みかんゼリー
に飛びかかろうとしてる」とうまく表現し、笑いにつなげていました。
　それを見て、番組外のこちらの田辺さんが言いました。

田辺さん　あんりって突っ込み上手なんだね。

私　　え、いまさら!?

あんりちゃん　今まで下手だと思ってたんですか？

田辺さん　いや、突っ込みがうまいことは知ってたよ！　でも、いつも一
　　　　　緒にいると当たり前になっちゃう部分があって、今、こうやって
　　　　　改めて見たらあんりってすごく突っ込み上手なんだなって気付け
　　　　　たわ。ありがとう。

あんりちゃん　……どういたしまして……で、この返しは合ってますか？

田辺さん　あんりのおかげで私は面白くなってるよ。あんり、ありがとう。

あんりちゃん　そんな、照れますよ！　やめてください！

田辺さん　当たり前に思っちゃいけないよね。いてくれるって奇跡だよね。
　　　　　本当にそばにいてくれることに感謝しないとだよ。

　私はそれを聞いて、田辺さんが以前よく行くケンタッキーが突然閉店し
てしまったときに全く同じせりふを言っていたことを思い出しました。

はるちゃん　お待たせしました～！　次、酒寄さんです～！

　ヘアメイクをしてもらったはるちゃんが戻って来て、交代で私が行くこ
とになりました。

私　　じゃあ、行ってくるね～。

あんりちゃん　いってらっしゃい。

田辺さん　きれいにしてもらってきな～。

　テレビの中の盛山さんはとっくに座っているのに田辺さんはずっと寝転
がっていました。

【おまけ】

　私がメイクをしてもらっていたときのことです。

はるちゃん　あはははははは。

　突然、はるちゃんの大笑いが聞こえてきました。

メイクさん　すごく楽しそうですね。

私　そうですね。何があったんだろう？　後で聞いてみます。

　メイクが終わり、戻る途中で田辺さんとばったり会ったのでさっきのことを聞いてみました。

私　さっきメイクしてもらってるとき、はるちゃんの大笑いが聞こえてきたんだけど何か楽しいことあったの？

田辺さん　……ああ、あれね。

　田辺さんはしかめっ面になって言いました。

田辺さん　はるちゃんがハナミズキ風に、私に向かって「君とはるちゃんが百年続きますように」って歌ってきたから、私が「本当に私で良いの？」って言ったらあの女大笑いしたのよっ!!　あっちが言ってきたのにっ!!　何で笑うのよっ！

　田辺さんとはるちゃんが百年続きますようにって思いました。

\BORUJUKU LIFE/　すごく美味しい　担々麺

　ある日のことです。

田辺さん　すごく美味しい担々麺のお店を見つけたわ。

　田辺さんがすごく美味しい担々麺のお店を見つけたようでした。

田辺さん　マジ美味しい！　痺れヤバいよ！

　田辺さんはあまりの美味しさに興奮しているようでした。その日から、

田辺さん　今日、あの店行ったわ。

田辺さん　あんりにも教えた！　あんりもヤバいって！

田辺さん　あんりと一緒にまたあの店に行ってしまったわ。

　と頻繁に、すごく美味しい担々麺の報告を聞くようになりました。

私　そんなに美味しいんだ。

田辺さん　酒寄さんにもぜひ食べて欲しい。

私　うん。私も食べてみたいよ。

　私の辛い物好きを知っている田辺さんは、すごく美味しい担々麺の話をしたときの終わりは「酒寄さんにも食べて欲しい」で毎回締めるようになっていました。

　それから少し時は流れて。

田辺さん　酒寄さん、×日って予定空いてるかしら？

私　×日？

田辺さん　良かったら一緒にあの担々麺行かない？

　田辺さんは本当に私に食べてもらいたかったらしく、ついにその気持ち

51

が溢れてしまったようでした。

田辺さん　ぜひ、食べて欲しくて。

　田辺さんはその日、仕事と仕事の合間にほんの少しだけ都合がつくらしく、その隙間時間に一緒にすごく美味しい担々麺を食べに行かないかという提案でした。

田辺さん　次の仕事があるから、待ち合わせて食べてすぐ解散にはなっちゃうんだけど、どうかしら？

　私は、「田辺さんってば、付き合い始めのカップルが少しでも会いたくて一瞬の隙間を見つけて会うような誘い方をしてくるな」と思いました。

田辺さん　この日が駄目だとしたら、私が次に行けるの１か月後よ！

　私はその日は都合がついたので、彼（田辺さん）の必死さに胸打たれたこともあり、「いいよ。行こう」とオッケーを出しました。

田辺さん　やった！　楽しみ！　あんりも行くって！

　私たちは付き合い始めのカップルではないので、「何でせっかく会えるのに友達も連れてくるの！　ぷんぷん！」とはならず、「やった！　あんりちゃんにも会える！」と私はその日がさらに楽しみになりました。

私　楽しみ〜！　何食べようかな。

田辺さん　あんたは汁なし担々麺だと思うよ！

　私は事前に店の名前を教えてもらっていたのでメニューを見て予習をしておこうと思いました。

私　まぜそばもあるけど汁なし？

田辺さん　まぜそばも美味しいけど、味付けが違うのよ！　辛さとか痺れが楽しめるのは汁なしだから酒寄さんは汁なしだね！

　そして当日。

　私は直前にぼる塾が仕事をしていたテレビ局の前にやってきました。

私　着いたよー！

田辺さん　どこにいる？　私たち1階のロビーにいるから入ってきて！

　田辺さんに言われた通り、私がテレビ局の入り口に入ろうとすると、

警備員さん　ちょっとあなた止まって。

　たくさんの人が普通にテレビ局に入っていく中、私だけ警備員に止められました。

警備員さん　どのようなご用件ですか？　どなたかお約束などありますか？

　　私　（ここで私が、「あ、すみませんでしたー」って立ち去ろうとしたら余計に怪しい人に思われるかもしれないよね？　用事もないのに入ろうとしたやつだ！って別室に連れて行かれたらどうしよう）

　私は警備員さんの前で頭をフル回転させました。

　　私　（でもここで正直に「ぼる塾の田辺さんとこれから担々麺を食べに行きます」って言えばこの人は「どうぞ！　お通りください！」って納得してくれるのだろうか？　いや、この人は納得してくれない目をしている）

警備員さん　どうしたんですか？

　　私　あわわ。

　私はすごく美味しい担々麺を食べに来ただけなのに、絶対絶命のピンチに陥りました。

　そのときです。

あんりちゃん　酒寄さん！　すみません！　こっちです！

　　私　あ！　あんりちゃん！

　なかなか私が来ないので様子を見に来たあんりちゃんが、入口で私と警備員さんがもめていることに気付いて助けに来てくれました。

　　私　用事！　ほら！　ちゃんとありますから！　ね！

　私は警備員さんにそう言って、やっと解放されました。あんりちゃんに続いて、田辺さんとスタイリストさんもやってきました。

田辺さん 酒寄さん何やってたの？

警備員さんから解放された足で、私たちはすごく美味しい坦々麺の店に向かいました。

私 いや、何か入り口で警備員に止められて。

田辺さん え、何で？　誰も止められてなかったよ。

私 たくさん人がいる中で、私だけ不審者だと思われたんだと思う。

田辺さん 何それうけるね！

あんりちゃん もめてるときの酒寄さんかなり挙動不審でしたよ。

私 お約束はありますか？って言われて、「ぼる塾の田辺さんと坦々麺食べます」って正直に言ったら入れてくれるのかな？　とか考えちゃったら変な間ができて余計に不審者っぽくなっちゃったみたい。

田辺さん 本当のことだけど、たぶん、言ってたら危険なファンだと思われてたね。

　私もそう思いました。

あんりちゃん まあまあ、気を取り直して美味しい坦々麺を食べましょう！

田辺さん 酒寄さんにはまぜそばだね！　まず、まぜそば食べて欲しいよ！　絶対にまぜそば！

私 あれ、汁なしじゃなかったっけ？

田辺さん え？　汁なし？　……あ！　汁なしだわ！　まぜそばじゃなくて汁なし！

私 辛いのが汁なしなんだよね？

田辺さん そうそう！

あんりちゃん でも、スープが美味しいから普通の坦々麺食べてみて欲しいですね。

田辺さん へっ！　あんりは酒寄さんのこと何もわかってないから！

あんりちゃん うわっ！　出たっ！　田辺さんの「私が一番、酒寄さんのことわ

かってる！」

田辺さん　あのね、酒寄さんはね、何よりも辛さを大事にする女なのよ！

あんりちゃん　田辺さんって本当に酒寄さんのこと知ったかぶりするんですよ。

田辺さん　あんりはね、酒寄さんの辛さ好きをまだわかってないのよ。

あんりちゃん　はいはいわかりました。

田辺さん　酒寄さんはね、もうね、辛さのために生きてるようなものなの。

あんりちゃん　そうなんですね。了解です。

田辺さん　酒寄さんはそりゃすごいよ。あまりに普通に食べてるから、私も同じやつ注文して、あまりの辛さにひえ〜って泣いたことあるんだから！

あんりちゃん　あの、私がこの話終わりにしたいと思ってるのわかってます？

田辺さん　わかってるよ！　でもね、私は続けるよ！

あんりちゃん　……田辺と線路は続くんですね、どこまでも。

田辺さん　あんり、上手いこと言うねっ!!　あははっ!!　田辺と線路は続くって！　ど、どこまでも〜っ!!　うける〜っ！

　私もうけると思い、みんなで大笑いしました。

田辺さん　あ、そういえばさ、いよいよ今月からよ、実家のリフォームのお金の支払い。

私　あ、そうなのか。田辺さんお金出して偉いね。

　田辺さんは実家のリフォーム費用の一部を自ら協力すると提案したそうです。

田辺さん　まぁね。いろいろ実家には迷惑かけたからね。だからさ、終わるのよ。

あんりちゃん　何がですか？

田辺さん　私が。

　線路はどこまでも続きますが、残念ながら田辺さんは今月で終わってしまうようでした。そんなことを話していたらお目当ての担々麺のお店に到

着しました。店の前にあるメニューを見て、改めてみんなで迷います。

あんりちゃん　これ食べるって決めていても、メニュー見ちゃうと迷いますね〜。

田辺さん　あら、麺大盛り無料……。

　　私は田辺さんは麺を大盛りにするだろうなと思いました。

田辺さん　酒寄さん、買い方わかる？

　　順番に食券を買っていく中、田辺さんが言いました。

田辺さん　間違えないでね！　酒寄さんはまぜそばよ！

　　私　え、汁なしじゃなくて？

田辺さん　あ！　そうだった！　汁なし！

　　田辺さんの親切は逆に私の混乱を招きました。席につき、田辺さんが食券を渡しながら

田辺さん　麺大盛りでお願いします。

　　と言っていて、やはりな、と思いました。

　　田辺さんおススメの汁なし担々麺は、１口食べて思わず

　　私　うまっ。

　　と声が出るほど美味しかったです。その後はただひたすら夢中になって食べ続ける私を見て、田辺さんはとても満足そうな顔で言いました。

田辺さん　酒寄さん美味しい？　そのまぜそば！

　　私　……汁なしね。

田辺さん　あ、やだ、汁なしね。

　　田辺さんとあんりちゃんは次の仕事があるので、食べ終わってすぐに店を出ました。

　　私　すっごく美味しかった！

田辺さん　中毒性あるから気を付けな！

　　私　気を付けようがないんだけど！

田辺さん　またみんなで食べに行きましょう……ふふふ。

　　私　何笑ってるの？

田辺さん　いや、なんかじわじわ酒寄さんが警備員に止められたのが面白くなってきたわ。

私　私、そんなに怪しいやつに見えるかな？

田辺さん　酒寄さんが着てるブロッコリーの柄のTシャツに問題があるんじゃない？　ブロッコリーが危険に見えるのかも。

あんりちゃん　だとしたら田辺さんが今着てるシャツなんて、大量のトラがプリントされてて、そっちのほうが危険に見えますよ。

田辺さん　このトラはおしゃれだから良いのよ！　あんりはおしゃれがわからないのね！

あんりちゃん　何だ！　お前やんのか!?

田辺さん　あ？　何だお前！

あんりちゃん　お前ちょっと桃買って来いよ！　岡山まで！

田辺さん　何だお前！　じゃあお前ハワイまでココナッツ買って来いよ！

私は走らせる距離が長いなって思いました。

BORUJUKU LIFE

夏の前日
みたいな日

　空き時間にぼる塾4人で台湾スイーツのお店に行ったときのことです。カウンターで先に注文するタイプのお店だったのですが、私は初めてのお店に悩んでしまい1人だけ遅れて注文しました。

田辺さん 酒寄さん、何にしたの？

　あんりちゃん、はるちゃん、田辺さんが待っている席に戻ると、早速、田辺さんの注文チェックが入りました。

私 たくさんメニューがあって迷っちゃった。

田辺さん はっ!!　あんたっ！

　私のレシートを見て、田辺さんが息をのみました。

私 え、この注文まずかった？

田辺さん あんたよく初手で白桃烏龍茶見つけたね!!　お目が高いよ！

私 あ、良かったんだ。

田辺さん 良いチョイスだよ。え、やだ、無糖にしたの!?

私 甘い方が良かった？

田辺さん 私は常々白桃烏龍茶は甘くないほうが美味しいと思っていたのよ!!　あんたすごいよ!!　もう教えることは何もないよ!!　卒業！

　私は知らない間にどこかに入学していたらしく、この瞬間、私の最終学歴は入学した覚えのない何かになりました。

はるちゃん 私はレモンソーダのタピオカです！

あんりちゃん 私はスムージーにしました。

58

田辺さん　みんな良いチョイスだよ。

　私　　田辺さんの美味しそうだね。

　田辺さんは飲み物ではなく台湾スイーツを頼んでいました。

田辺さん　これは豆花だよ!!　美味しいよ！

　私　　聞いたことある!!　台湾で有名なスイーツよね？

田辺さん　そう！　ここの美味しいよ!!　いろんなトッピングが入ってん
　　　　の!!　ナタデココとかも入っているよ！

　私　　ナタデココ！

　私はナタデココについてずっと考えていることがありました。

田辺さん　そう。ナタデココ。

　私はこの３人になら打ち明けても大丈夫な気がしたので、話すことに
しました。

　私　　ねえ、ナタデココだと思って食べたら寒天だったときってなんか
　　　　がっかりしない？

あんりちゃん　わかります。

田辺さん　わかるわ。

はるちゃん　あはは。

　あんりちゃんは「私が思うに」と、わざわざ座り直して自分の考えを語
りだしてくれました。

あんりちゃん　おそらくナタデココの食感を期待しているから、あれ？ってな
　　　　るんですよね。あのナタデココにしかない歯ごたえ。

　私　　寒天はスッとしてるからね。

あんりちゃん　寒天も嫌いなわけじゃないんですよ。寒天も美味しいけど、あの
　　　　食感がくると思ってるんですよ。こっちは。

　私　　そう。ナタデココだと思ってるから脳が驚くんだよね。

あんりちゃん　でも、逆に寒天だと思って食べたらナタデココだったときってな
　　　　んか嬉しくないですか？

私　わかる！

あんりちゃん　別に寒天が嫌いなわけじゃないんですよ。寒天も美味しいんですよ。寒天だと思って食べたら寒天だったときも嬉しいですし。

私　わかるよ。寒天よりナタデココのほうが好き！って思ってるわけでもないんだよね。

あんりちゃん　そうなんです!!　寒天よりナタデココのほうが好き！ってわけじゃないんですよ。寒天だと思って食べたらナタデココだったときってなんか嬉しい!!ってだけなんです。なんなんでしょうね？　寒天は寒天でとても好きです。

　あんりちゃんは私たちの近くで寒天がお茶しているのではないかって思うくらい寒天に配慮して会話をしていました。

　私はあんりちゃんのこの気遣いや考え方を聞いて、

私　（あんりちゃんになら、あの話も伝わるかもしれない）

　そう思い立って、私がずっと一人で悩んでいたことを打ち明けることにしました。

私　あのさ、みんなに聞きたいことがあるんだけど。

あんりちゃん　なんでしょう？

私　スーパーとかでさ、茶色い殻の卵と白い殻の卵、同じ値段で売られていたらどっち買う？

あんりちゃん　うわー!!　めっちゃ良い質問!!　悩む〜！

田辺さん　わ〜、悩むね。

はるちゃん　あはは。

あんりちゃん　うーん……ちょっと待ってください。考えさせてください。

　私はいくらでも待つよ、と思いました。

あんりちゃん　……私は茶色買いますかね。なんとなく茶色のほうが美味しい気がして。

田辺さん　私もね、茶色にするよ。なんとなくだけどね。美味しいと思う

　の!!　なんとなくだけどね!!　何かさ!　茶色のほうがさ!!　美味しそうに見えない?　なんとなくだけど!!　栄養価も高そう!!　なんとなくだけど!

あんりちゃん　田辺さん、力強く言ってるけど茶色を選ぶ理由は私と同じで、なんとなくってことですね。

田辺さん　そうね!　なんとなく!

はるちゃん　卵の殻の色って、生む鶏の種類で決まるんですね。

　田辺さんがなんとなくを連発している間に、はるちゃんがスマホで調べてくれていました。

はるちゃん　卵の殻の色って、鶏の気分で変わるんだと思ってた。

あんりちゃん　だとしたら鶏の気分って2つしかないじゃん。

はるちゃん　そうなるね!!　白か茶色!

私　茶色い気分って何か嫌だね。

あんりちゃん　茶色のほうが鶏の気分悪そうですよね。

田辺さん　ねえ、私思い出したよ!

　田辺さんは何かを思い出したようでした。

田辺さん　私がまだ実家に住んでいたときにさ、近所に美味しい卵屋さんがあったの。うちはよくそこで卵を買っていたんだけど、そこの卵は茶色の卵だったわ。

私　だから田辺さんは茶色い卵選ぶようになったの?

田辺さん　いや、それは関係ない。なんとなくよ!

　じゃあなぜこの話を突然始めたんだ!　と思いました。

はるちゃん　ねえ!!　皆さん今年の夏はどうしますか〜!

　はるちゃんは漫才の始まりのように話題を変えてきました。

はるちゃん　私?　私は〜、みんなと流しそうめんがしたいで〜す!!　みたらしちゃん（私の息子です）も一緒に!

あんりちゃん　あ、良いね。

田辺さん ナイスアイデアだよ。

はるちゃん じゃあ、あんり、そうめん流す竹割ってよ。

あんりちゃん 何で私が割らなきゃいけないのよ！

はるちゃん え〜！　やりたいって言ったじゃん！

あんりちゃん あんたが言い出しっぺなんだからあんたが割りなよ！

はるちゃん じゃあ田辺さん割ってくれませんか？

田辺さん 嫌よ!!　私にとっての流しそうめんは全て準備が整っていて、私はそこでそうめんを食べるだけの状態を言うのよ！

はるちゃん じゃあ、竹は諦めます！　あ、おもちゃの流しそうめんの機械あるじゃないですか！　あれでやりましょう！

あんりちゃん はるちゃんも竹は割りたくないんだね。あんた、竹割りたがりそうなのに。

　私もはるちゃんは竹を割りたがると思っていました。

田辺さん でもさ、あのおもちゃの機械だとみたらしちゃんが「流しそうめんのお風呂だ！」って自分もお手て洗っちゃいそうじゃない？

あんりちゃん 田辺さんも手を洗いそうですしね。

田辺さん そうね！　……え？　私は洗わないわよ!!　何で私も洗うのよ！

あんりちゃん 何で1回納得したんだよ。

田辺さん 私は人の話を聞いてないからよ！

あんりちゃん 聞けよ。

　その後、田辺さんが「人助けをしにくいのは東京のせいだ」と、突然東京の悪口を言い始めました。

はるちゃん あ！　そろそろ次の仕事の時間です！　出ましょうか。

あんりちゃん あ、もうそんな時間か。

　私たちは立ち上がって食器を片づけました。田辺さんが立ち上がるとき、「今日は真面目な話（東京の悪口？）をしちゃったね」とはるちゃんに言っているのが聞こえました。

私　ここのお茶美味しかった！　こんな場所にお店あるの知らなかっ
　　たよ。

私は白桃烏龍茶がとても美味しかったので店の前で改めて言いました。

あんりちゃん　美味しいですよね。私たちも田辺さんに教えてもらったんです。

田辺さん　良いでしょ！　台湾の美味しいスイーツにお茶！　豆花ぜひ今
　　度食べて欲しいわ!!　ご飯系も食べられるよ！

私　うん！　またここ来る！　台湾のご飯気になる！

田辺さん　台湾のご飯とっても美味しいわよ!!　超好き!!　ねえ、いつかみ
　　たらしちゃんも一緒にみんなでハワイ行きたいね！

いや、そこ台湾じゃないんかいって思いました。

CHAPTER
2

ルンルン
あんりちゃん

あんりちゃんの恋バナ

　ぼる塾で一番恋バナが好きなのは間違いなくあんりちゃんです。

「酒寄さん！　やっぱり旦那さんに会ったとき、ビビビッてきましたか？」

　と、突然エレベーターの中で質問をくれたり、私が

「あんりちゃんってどんな人がタイプ？」

　と聞いたとき、

「そうですね〜。もし彼氏ができたら、私がテレビに向かって『この女絶対性格悪いよっ！』とか言ったとき、彼氏が『これはドラマだし、この人にも色んな面があるし、この人を好きな人だっているんだからそんなこと言っちゃいけないよ』って言ってくる奴は絶対嫌です!!　いい人ぶってんじゃねえよって思います!!　私がその女を直接攻撃したらそりゃ止めて欲しいですけど！　テレビに向かって言うくらいは許してほしいですよ！」

　と、とてもピンポイントな答えを返してきたり。

　ある日、あんりちゃんと田辺さんが揉めているので何事かと尋ねると、

あんりちゃん　私が「もし、田辺さんに彼氏できたら食レポのアドバイスとか聞けますね」って言ったら、田辺さんが「そんなの信用できない！あんりのが良い」って言い始めて、私が「田辺さんよりも自分の彼氏のアドバイスを信じる」って言ったら、「あんりは男をとるのかーっ!!」てキレたんです。

田辺さん　だってそうでしょ！　私はあんりを信じるって言ったのに！酷い裏切りだよ！

私　　ちょっと落ち着きなよ

あんりちゃん　そうですね……。落ち着いて考えたら2人ともいない彼氏の話
　　　　で喧嘩していましたね。田辺さん、すみませんでした。

田辺さん　わかればいいのよ。

私　　田辺さんも謝りなよ。

　そんなあんりちゃんととても盛り上がった恋バナがあるので紹介させて
ください。それは、ある仕事の空き時間に愛知のジブリパークが完成した
ら行ってみたいという話から始まりました。

あんりちゃん　行ってみたいですよね〜。

私　　うん。最初は予約とかとれなさそうだよね。

あんりちゃん　みたらし連れてぼる塾で行きたいですね！

私　　楽しそう！

あんりちゃん　みたらし、大きくなったらどのジブリ男子みたいになるか気にな
　　　　りますね。

私　　え〜どうだろ。

あんりちゃん　私はアシタカは嫌ですね。

私　　どうして？　アシタカって格好良くない？

　そのとき、いきなりあんりちゃんの恋バナスイッチが入ったようでした。

あんりちゃん　田辺さんもアシタカ格好良いって言ってたけど私はなしです!!
　　　　だってアシタカはカヤがあげたネックレスをサンにあげちゃった
　　　　んですよ!!　女からもらったプレゼントを別の女にあげるって!!
　　　　私は許せませんっ!!

　あんりちゃんはカヤの友達のように怒っていました。アシタカへの怒り
があんりちゃんのスイッチをさらに深く押したようでした。

あんりちゃん　私はハウルも駄目です！

Kさん　え、私ハウルが一番好きなんですけど！　何が駄目ですか？

イケメンですよ！

　その場にいたハウル好きのマネージャーのKさんがあんりちゃんに抗議しました。

あんりちゃん　部屋片づけただけであんなに大騒ぎする男なんて嫌だよっ!!

Kさん　た、確かに……。

あんりちゃん　人気ありますけど、『耳をすませば』の聖司くんも私はあんまりですね。初対面の時の失礼な行動が許せなくて。最初の出会いこそ礼儀正しくするべきでしょう。

　あんりちゃんには好きな子をいじめたくなる男子の気持ちが通用しないようでした。

私　じゃあ『千と千尋の神隠し』のハクは？

あんりちゃん　あ、ハクは好きです。

私　ハク良いよね！

あんりちゃん　はい！　おにぎりくれるから！

　私はハクを好きな女子で"おにぎりをくれるから"という理由の人を初めて見ました。

私　その理由でハクを好きな人初めて見たかも。

あんりちゃん　そうですか？　美味しい物をくれる男子って好感度高くないですか？　あ、それ言ったらハウルもベーコンエッグ作るのは上手なんだよな〜。

Kさん　イケメンな上にあのベーコンエッグ作れるんですよ！

あんりちゃん　顔とかどうでも良いんだよっ！　あ、美味しそうって言ったら、『もののけ姫』のジコ坊ってわかります？

私　アシタカとお粥食べた赤い帽子の人？

あんりちゃん　まさに、あのお粥めちゃくちゃ美味しそうですよねっ!!って話をしようとしていましたっ!!

私	わかるっ！　あのお粥はめちゃくちゃ食べてみたいっ!!

あんりちゃん　あ、そういえばこの間『もののけ姫』見直していて気が付いたんですけど、ジコ坊ってめちゃくちゃ足速いんですよ。

私　そうだっけ？

あんりちゃん　そうなんです！　あの人下駄を履いているのに猛スピードで走るんですよ!!

私　足速い男子ってモテそうだね。

あんりちゃん　私、小学生のときにジコ坊の足の速さに気付いていたら初恋はジコ坊だったかもしれません。

私　ジコ坊、小学生女子が選ぶ彼氏にしたいジブリ男子で1位かもしれないね。

　私とあんりちゃんはジコ坊は料理上手だし、市場でアシタカが揉めているとき、スマートに助けてくれたしと、実は小学生女子以外の女子からもモテる最強ジブリ男子なのではないかという話で盛り上がりました。

私　ジコ坊が暫定一位として、他に誰がいたっけ？

あんりちゃん　『魔女の宅急便』のトンボ、田辺さん嫌いですよね。

田辺さん　トンボは駄目だよ！

　そのとき、ちょうどメイクが終わった田辺さんが戻ってきました。

私　何で駄目なの？

田辺さん　チャラいから！　魔女子さ〜んって!!

私　チャラいかな？

田辺さん　チャラいよ！　魔女子さ〜んって!!　ね？

私　私トンボは空を飛びたい少年のイメージしかないかも。

田辺さん　いや、チャラいよ！　魔女子さ〜んって!!

　他のトンボNGの理由も出てくるかと待ちましたが、田辺さんは
「チャラいよ！　魔女子さ〜んって」
　という単語しか収録されていないお喋り人形みたいになってしまったの

でそれ以上追求するのはやめてあげることにしました。

あんりちゃん　ジブリ男子ってこれくらいですかね？　因みに『紅の豚』のポルコは思い入れがありすぎるのでジブリ男子から除外しますね。

私　あ、シータは？

あんりちゃん　シータ？

私　ほら！　ラピュタのシータ！　若いけど男前じゃない？

田辺さん　もしかしてパズーのこと？　シータは女よ。

私　くそっ！　また間違えたっ！　二択なのにっ!!

　私は『天空の城ラピュタ』のシータとパズーがいつもごっちゃになり、

私　（どっちが男の子だっけシータ……シー太。こっちが男キャラだ！）

と脳内で間違った変換をして必ず逆で答えてしまいます。

私　タで終るのに！　シータのほうが男っぽくない？

田辺さん　そんな間違いするの酒寄さんだけよ。

　ちなみに私は最近までずっと『天空の城ラピュタ』を未視聴で生きてきて、話題に出たときはあたかも見たことがあるかのように話を合わせていました。

私　（このままではいけない。いつかぼろが出る）

　そう思いレンタルDVDを借りたところ、そのDVDに傷があったようで、シータが大事な呪文を教えてもらう回想シーンのところでいきなり画面がぎぎぎっと歪み、次の瞬間なぜかロボットが大暴れしているというわけのわからない展開になっていました。

　今まで見ていないのに見たことがあるふりをしていた罰が当たったのでしょうか。私は今も回想シーンからロボット大暴れの合間に何が起こったのか知りません。なぜロボットは大暴れしていたのでしょうか？

あんりちゃん　まぁ、いろいろ話しましたけど、私の中で一番のジブリ男子は決

まっています。

私　え、まだ出てない人いる？

田辺さん　誰かしら？

Kさん　誰ですか？

あんりちゃん　『魔女の宅急便』のパン屋のおソノさんの旦那さん！

三人　あ〜!!!　わかる〜!!!

あんりちゃん　毎日美味しいパン焼いてくれるから！

　あんりちゃんは最後までブレませんでした。

【補足】

　残念ながらこのときはるちゃんはメイク中でいなかったので、後日ジブリ男子で誰が好きか聞いたところ
「ハウルかな？　イケメンだし」
　と教えてくれました。

ぼる塾雑談劇場
——「初めての怒り」

　ネタ合わせのために４人で集まったときのことです。

　ネタ合わせをし、昼ご飯を食べ、デザートを食べた私たちはやっと休憩時間に入りました。田辺さんはソファにめりこみ、私はあんりちゃんとはるちゃんから「私たち地元じゃ負け知らずでした。あんりとはるかって周りから恐れられていました」という、嘘の武勇伝を聞いていました。

> **田辺さん**　酒寄さん知ってる？　今、LOVE BOAT（90年代に人気だったギャル系ブランド）のミラーが売られてるのよ。

　そう言って、田辺さんは寝転がったまま私にスマホの画面を見せてきました。

> **私**　わ、可愛い！

> **田辺さん**　可愛いわよね！　青春思い出すわ。

> **私**　うん！　懐かしい！　みんな持ってたね～。

> **田辺さん**　私、買おうかしら。酒寄さんもいる？　一緒に買おうか？

> **私**　え！　欲しい！　お願い！

> **はるちゃん**　私も欲しいです！

> **田辺さん**　あら、はるちゃんってLOVE BOAT世代？

> **はるちゃん**　違うけど４人でお揃いで鏡持ちたいです！

> **田辺さん**　あんりもいる？

> **あんりちゃん**　良いですね。４人で持ちたいです！　田辺さんと酒寄さんの学生時代に流行っていたんですか？

> **田辺さん**　めちゃくちゃ流行ってたわ。みんなLOVE BOATのショップ袋

もってた。

　　私　うん。ステータスだったね。あんりちゃん、はるちゃんのときも
　　　　そういうのあった？

　あんりちゃんとはるちゃんは小学校からの幼なじみです。

はるちゃん　私たちのときは生徒手帳に好きな芸能人の写真入れるのが流行っ
てました！　みんな自分の好きなアイドル入れてました！

あんりちゃん　私はEXILEの写真入れてましたよ。

田辺さん　いや、あんりはEXILEの写真入れてないよ。

あんりちゃん　いや、田辺さん、私の幼なじみじゃないですよね？　その頃い
　　　　ませんよね？

田辺さん　いなくても私はあんりのことわかるわ。

あんりちゃん　何なんだよその自信。

田辺さん　私はいつもあんりのこと見てるからわかるよ。

あんりちゃん　こえーよ。

　確かに田辺さんはよくあんりちゃんのことを見ています。

　以前聞いた話ですが、テレビの仕事で出演者全員でVTRを見ているとき、
あんりちゃんが視線を感じてふと顔をあげたら田辺さんだけVTRではな
くあんりちゃんのことを真っすぐ見ていたそうです。怖いですね。

はるちゃん　あんり、EXILE大好きですよ。

　あんりちゃんの本当の幼なじみのはるちゃんが助け舟を出しました。

田辺さん　いや、好きじゃないよ。あんりはそういう女じゃないよ。

あんりちゃん　あんた私の何なんだよ。私どう見てもEXILEファンっぽいじゃな
　　　　いですか。ね、酒寄さん？

　　私　え？　（うーん……EXILEファンにも見えるしEXILEファンじゃ
　　　　なくも見える。どっちだ？　でもファンだったら見えるって言
　　　　われたいよね？　それとも見えないが正解？　ギャップがある
　　　　ほうが嬉しい？）……あんりちゃんはEXILEファンっぽいよ。

あんりちゃん	ほら〜。田辺さんが一番私のことわかってないじゃないですか。
私	（良かった。正解だった）
田辺さん	え〜。
あんりちゃん	私、カラオケでもめちゃくちゃEXILE歌ってましたよ。ね、はるちゃん。
はるちゃん	うん。あんり歌ってた！
あんりちゃん	清木場俊介の曲が好きで……あ！
私	どうしたの？
あんりちゃん	今、急に、はるちゃんに初めて頭にきたときのこと思い出しました！
はるちゃん	え〜！　私、あんりに何かしたっけ？

私は、はるちゃんは常にあんりに何かしてると思いました。

あんりちゃん	昔、私とはるちゃんで一緒にカラオケに行ったんです。
私	うんうん。
あんりちゃん	はるちゃんって、人が歌ってると入ってくるんですけど、私、清木場俊介の曲ですごく好きな曲があってどうしても一人でちゃんと歌いたくて。
田辺さん	続けて。
あんりちゃん	はるちゃんに「絶対に邪魔しないで。お願い。この曲だけは一人で歌わせて」ってお願いして。
私	うんうん。
あんりちゃん	それで、いざ曲が始まったら、この女、めちゃくちゃ大声で一緒に歌いだしたんです。
はるちゃん	え〜、そんなことあったっけ？
あんりちゃん	私、すっごく頭にきて。今までにないほどの怒りでした。
はるちゃん	え〜、あったかな？　なんて曲？

はるちゃんは本当に覚えていないようでした。

あんりちゃん　覚えてないの？　清木場俊介の『なにもできない』って曲だよ。

私　それでどうしたの？

あんりちゃん　私、あまりの怒りにもう歌うのやめて、その後ずっと無言で過ごしました。

はるちゃん　あんり本当に「なにもできない」じゃん！

　私は、はるちゃん上手いこと言うなって思いました。

始まりだけ少女漫画

　某月某日。あんりちゃんと田辺さんと私の3人は新宿付近で用事がありました。その用事が終わった後の話です（はるちゃんは別の用事があり、その日は別行動でした）。

あんりちゃん　あ〜無事終わりましたね。

私　良かった良かった。

あんりちゃん　みんなどうやって家に戻ります？

田辺さん　私は新宿まで行こうかしら。実は今日から私が監修したおかきが販売されてるのよ。

私　あ！　柿山さんとの！　今日からか！

田辺さん　せっかくなら売ってるところ、見に行こうかしら。

私　それ私も行って良い？　田辺さんに話聞いたときから食べたかったんだ！　買う！

田辺さん　あら！　嬉しい！

あんりちゃん　じゃあ私も行こうかな。伊勢丹ですよね？　弁当買って帰ろう。

　こうして私たちは新宿を目指して歩き始めました。

あんりちゃん　そういえば私、さっき派手に転んで書類ぶちまけたんですよ。

私　え、大丈夫だった？

あんりちゃん　はい、痛みとかはなかったんですけど。

私　けど？

あんりちゃん　あれは出会いの転び方でした。

私　出会いの転び方？

あんりちゃん　大量の書類が舞い上がり、転ぶ瞬間はスローモーションになりました。しかも場所もオフィスみたいなところで、まさに出会いの転び方でした……。あの転び方をして誰にも出会えないの私くらいです！

田辺さん　あれはすごかったね〜！

私　田辺さんもその場にいたの？

あんりちゃん　はい。助けてくれるスーツイケメンの代わりに田辺さんが「あんりが転んでるよ！　いひひ！」って笑ってました。

私　地獄のオフィスラブ。

田辺さん　いひひ!!　あら、ごめんなさい!!　思い出し笑いしちゃった!!　だってさ〜!!

　田辺さんはそう言って、あんりちゃんが転んだことがいかに面白かったかを話始めました。

田辺さん　私ね、あんりが転ぶ瞬間を見たわけじゃないのよ。私の前をあんりが歩いていて、気が付いたらあんりが横になっていたの。突然あんりが横になってるのよ。想像して……いひひひ!!　あぁ、おかしすぎて苦しいね!!

私　そんな笑う？

田辺さん　こんなおかしいことないよ！

私　笑っちゃかわいそうよ。

あんりちゃん　いいんです。私も田辺さんが転んだときは面白過ぎて大笑いしています。

田辺さん　そうよ！　あんりも笑ってるよ！　お互いさまよ！

　あんりちゃんが「こんな感じで笑ってますから」と言って見せてくれた笑い方は、シンバルを叩くおさるのおもちゃくらいの速さで、高速で両手を叩きつつ「わしゃしゃしゃ」と笑っていて、田辺さんの魔女笑いに負けていませんでした。

あんりちゃん　この前なんて田辺さん、転ぶじゃなくてもはや転がってましたね。

田辺さん　あの日の私、マジおむすびだった（？）。

あんりちゃん　でっかいおむすびでしたね。

　2人の転んだエピソードは止まりませんでした。確かに、田辺さんに「今日楽しいことあった？」と聞くと「あんりが転んだ」と帰ってくる率が異常に高いなとは以前から思っていました（気持ち的にはコンビニの1番くじで小さいタオルが当たるくらいの割合です）。

私　え、そんなに頻繁に人って転ぶ？

田辺さん　そういえば酒寄さんって全然転ばないね。

あんりちゃん　あ！　でも私、酒寄さんが転んだのを目撃したら笑いません！

私　あら、優しい。

あんりちゃん　だって酒寄さんが転ぶイコール骨折れてますよ。

　あんりちゃんは私のことをおばあさんだと思っているのかもしれません。

あんりちゃん　ああ、今日は良い天気ですね〜。肉食いて〜。

　あんりちゃんと巨大おむすびとおばあさんの3人は転倒に気を付けつつ、ひたすら新宿を目指しました。

田辺さん　酒寄さんは新宿から電車で帰るの？

私　うん。

田辺さん　そういえばまだタクシー苦手なの？

あんりちゃん　酒寄さん、タクシー苦手なんですか？

私　タクシーが苦手っていうか、タクシー捕まえるのが苦手でさ。

田辺さん　私もタクシー捕まえるの苦手よ。

私　なんか逃げられちゃうんだよね。それが続くと心折れちゃって。
　　　腕の使い方が悪いのかな？

田辺さん　私は大きく動くね。こうよ！　さっと！　こうっ！

私　腕の使い方上手だね。

田辺さん　いや、結構逃げられる。だからもう捕まえられたら奇跡くらいに
　　　　　思ってるよ。この前私がタクシー一発で捕まえたら、はるちゃん
　　　　　が「すごい！」って喜びの舞をしてくれたわ。

あんりちゃん　なんかタクシーがサバンナの狩りみたいに聞こえますね。

　そんな話をしていると新宿が近づいてきました。田辺さんが前を通ると
き、必ず「ここのパン美味しいよ」と言うパン屋があるのですが、その前
を通るときに「今日も言うかな？」と、私が思っていると、

田辺さん　ここのパン美味しいよ。

　と、やっぱり言ってきました。そのパン屋を通り越して伊勢丹を目指し
ます。

あんりちゃん　そういえば私、仕事で悩みがあって。

　　私　どうしたの？

あんりちゃん　テレビとかで田辺さんがおめかしとかコスプレすると、「それを
　　　　　見て何かに例えてください」って私に要求されることが多いんで
　　　　　すよ。

　　私　うんうん。

あんりちゃん　でも田辺さんが何かに変身するときって、だいたい初めて見る新
　　　　　しい生命体になるので例えようがないんです。

田辺さん　あら、悪いわね。

　　私　それは大変だね。参考になるかわからないけど、前に田辺さんが
　　　　　茶色いワンピースを着ていたとき、例え上手な先輩が「大木（た
　　　　　いぼく）の下のほうに似てるね」って言ったことがあったよ。

あんりちゃん　なるほど。勉強になります。

田辺さん　あ、新しい生命体といえば、私が本気で怒ったときって寄生獣に
　　　　　そっくりなのよ！

あんりちゃん　新しい生命体といえば……で会話が始められるのすごいですね。

　田辺さんがはるちゃんとルームシェアをして、田辺さんが寄生獣になっ

て危うくはるちゃんを捕食しそうになった話などを聞いているうちに、伊勢丹に到着しました。

田辺さん あんり！　どこ行くの！　お菓子売り場はこっちよ！

あんりちゃん はっ！　肉に呼ばれました！

　真っすぐに精肉コーナーへ歩き始めたあんりちゃんを田辺さんが引き留めてお菓子売り場に向かいます。

あんりちゃん すみません！　先にトイレ行って良いですか？

田辺さん 行ってきな！

私 私たちここで待ってるね。

　あんりちゃんを見送ると、田辺さんが「緊張する」と言いました。

田辺さん 私の考えたおかき、ちゃんと売れるかしら？

私 大丈夫だよ！　田辺さん、めちゃくちゃ頑張ってたじゃん！

田辺さん そうよね！　お笑いのことは無視してずっとおかきのこと考えてたし！　すごく頑張ったわ！

私 お笑いを無視するのは大問題だよ！　でもその分おかきは美味しくなったね！

田辺さん ええ！　おかきはその分レベルは上がってるよ！　でもさ、すごいよね。最近仕事してるときとか思うの。芸人として売れてさ、こんな未来見えてなかったよ。夢のようだよ。

私 うんうん。

　田辺さんは私に「ごらん」と言って、私たちから見える周りのお菓子屋さんを確認させました。

田辺さん 伊勢丹のお菓子はどれもレベルが高いの。その中で私が赤坂柿山さんとお菓子のコラボできるなんて信じられないことよ。

私 デパ地下で私たちがごっこ遊びしていたときが遠い昔のようだね。

　数年前、田辺さんと私（共にすでに30代）は、田辺さんがデパ地下大臣という私たちの考えた謎の役職になりきり、私がその秘書という設定で

よくごっこ遊びをしながら、ここ新宿伊勢丹で買い物をしていました
（基本ストーリーはとにかく偉いデパ地下大臣がお忍びで買い物に来る。デパ地下大臣は少人数の偉い人しか知らない存在のため店員さんには田辺さんは普通の客に見える。覆面調査感を出しつつ買い物をするが別に問題は起きないので「みんな頑張ってるようね！」「そうですね！　大臣！」で必ず毎回終わる。私たちは何でこんなことしていたのでしょうか？）。

田辺さん　他の売れてる芸人さんとかって下積みのときから今の自分の姿を想像できていたのかしら？

私　どうなんだろうね。ぼる塾も全国ツアーだよ。びっくりだね。

田辺さん　昔の私、驚くだろうな。自分が芸人として売れてさ、おかきの監修する姿なんて想像つかなかったもの。

田辺さんは遠くを見て、格好つけながらそう言っていました。

私はそれを聞いて、（いや、自分が芸人として売れたビジョンでおかきの監修を想像する人間なんていないだろ）って思いました。

【後日談】

あんりちゃん　酒寄さん！　聞いてくださいよ！

あの日、オフィスラブ失敗に終わったあんりちゃんから新たな報告がきました。

あんりちゃん　劇場でトイレに行こうとしたとき、田辺さんと廊下の角で思いっきりぶつかったんですけど、2人とも丈夫だから両方倒れず立ったままだったのが恥ずかしかったです！　角でぶつかって倒れるって少女漫画では（運命の）出会いのはずなのに‼　倒れないし田辺さんって‼

少女漫画の出会い方は現実ではなかなか難しそうです。

ティファニーで朝食をできるのか？

あんりちゃんと２人でネタ作りをしたときのことです。ネタ作りがある程度完成した私たちは雑談をしていました。

あんりちゃん そういえばこの前ぼる塾で占いの仕事があったんですよ。

私 占い！　良い感じだった？

あんりちゃん そうだ！　そうなんですよ！　聞いてくださいよ、酒寄さん！

あんりちゃんは漫才の入りのように話始めました。

あんりちゃん 田辺さんもはるちゃんも恋愛運がすごく良かったんですよ。

私 うんうん。

あんりちゃん 田辺さんは３月までモテ期がすごいらしくて、はるちゃんも無理だと思ったような恋が叶うみたいなこと言われていたんです。

私 どっちもとっても良いね。

あんりちゃん なのに私の占いだけ恋愛のれの字もなかったんです!　私だけ浪費に注意!　投資や株は絶対するなとか全然違うんです!!

確かに一人だけ方向性が全然違うなと思いました。

あんりちゃん だけど、占ってくれた方が一人一人をすごくたくさん調べてくれていて、全部を話す時間がなかったんですよ。見せてもらったら私の分だけでもノートにびっしりと書き込んであって。

私 うんうん。

あんりちゃん だから時間がなくて言えなかっただけで、本当は私にも恋愛要素はあったのかなって思ったんです。

私 確かに、お笑いのこととか考えて、あんりちゃんだけ恋愛部分を

外して話してくれたのかもしれないよね。

あんりちゃん　はい！　だから私、その人にお願いして私の占いに関する部分を写真に撮らせてもらったんです。

私　お！　どうだった？

あんりちゃん　何度読み返しても恋愛のれの字がないんです。

私　全く？

あんりちゃん　私は今年（2022年）、恋愛に関して良いも悪いも全く何もないらしいです。

私　悪いも？

あんりちゃん　無です。

私　無？　じゃあ一体何がびっしり書き込まれていたの？

あんりちゃん　YouTubeやSNSを頑張れって。あとは自分の秘密や匿名性に光が当たるって。ぼる塾のあんりってことを隠してYouTube始めろってことですかね？

私　鉄仮面かぶってYouTube始めるとか？

あんりちゃん　鉄仮面かぶって光浴びたくないですよ!!

私　いや、でも鉄仮面で人気ユーチューバーになって、実は鉄仮面の中身があんりちゃんだった！って話題になるかもよ。

あんりちゃん　いや、何でぼる塾のあんりは鉄仮面かぶってYouTubeやってたんだ？　ってなりません？

私　確かに。

　その後2人で「あんりが鉄仮面を着けてYouTubeをやる理由」についてわりと真面目に考えましたが全く何も浮かびませんでした。

あんりちゃん　鉄仮面着けてYouTubeよりあんりで恋愛したいですよ！

私　全然してないの？

あんりちゃん　全然してないですよ！　だから私、今年こそ素敵な出会いがあると信じてたのに！　恋バナしたいです！

あんりちゃんはぼる塾で一番の乙女なので、恋バナが大好きです。

あんりちゃん　素敵な出会いがあると信じて、私、ティファニーの香水買ったんですよ。

私　あら、素敵じゃない。

あんりちゃん　私、ちゃんと自分の意思で香水買うの初めてです！　高くてびっくりしました。

私　私も前に田辺さんがCHANELで２万円の香水買ったって聞いてちゃんとしたブランドの香水はやっぱり高いんだなって思った。

　以前田辺さんはApple Watchを買おうとしてApple Storeに出向いたところ予約がないと買えないと言われ、むしゃくしゃして衝動的にCHANELで２万円の香水を買ったことがありました。

あんりちゃん　まぁ、高かったんですけど、この香水が似合う女になろうって思い切って買いました！

私　ティファニーの香水が似合う女性って目標すごくいいね！

あんりちゃん　はい！　それで、これは私の夢なんですけど、ティファニーの香水が似合う女になって、素敵な男性と恋に落ちるんです。

私　うんうん。

あんりちゃん　それで、その彼にティファニーのアクセサリーをプレゼントしてもらうのが夢なんです！

私　わー、めちゃくちゃ素敵じゃん！

あんりちゃん　それで、その彼と新婚旅行でオードリー・ヘプバーンの『ティファニーで朝食を』を２人でやりたいんです！　憧れです！

私　とても素敵！　最高だね！

あんりちゃん　だから田辺さんは私の結婚式、出禁にしました。

私　え、どの流れで？

　私が突然の田辺さん乱入に混乱していると、あんりちゃんは「実は……」と一から説明をしてくれました。

あんりちゃん　私、ティファニーの香水を買ったとき、やっぱり嬉しくて田辺さんに買ったことを報告したんです。

私　うんうん。

あんりちゃん　それで、今酒寄さんに話したことと同じ内容の夢も田辺さんに語ったんです。

私　うんうん。

あんりちゃん　そしたら田辺さんが、新婚旅行に私も一緒に行くって言いだして。

私　何で来るの？

あんりちゃん　私も全く同じこと言いました！　「何で来るの？」って！　そしたら、田辺さんは「私もちょうどフランス行きたかったのよ。ちょうどいいじゃない」って言って、私が「いや、大事な新婚旅行ですよ！」って言ったら、「あら、結婚したら夫婦で旅行なんて何回でも行けるじゃない。新婚旅行なんて大したことないよ」って言ってきて、あの顔！　本当に悪びれもせずに言ってきたんです！　もうそんな田辺さんが怖くなったんで、早めに結婚式から出禁にしました。

　あんりちゃんは、「田辺さんは結婚式でも何かしでかしそうじゃないですか？」と言って、"あの顔"を思い出したのか震えていました。

私　田辺さんの言葉、一瞬サイコパス診断の回答みたいに聞こえるね。

あんりちゃん　何で私が嫌がってるのか全然理解していませんでした。「私もフランス行きたいから良いじゃない。え？」って。

私　待って！　はるちゃんも自分の結婚式出禁にしてるよね？

　私は以前、目の前ではるちゃんがあんりちゃんから「結婚式出禁」を食らっているのを見ていました（なぜそうなったか覚えていませんが、はるちゃんが100パーセント悪かったことだけは覚えています）。

あんりちゃん　はい。私の結婚式はぼる塾からは酒寄さんだけの参加になります。

私　周りの人は絶対、「はるちゃんと田辺さんはサプライズで登場す

るのかな？」って思ってて、最後までいないからびっくりするよ。

あんりちゃん　はい。本当にあの2人は最後まで参加させません。「え？　2人いないの？」ってことがある意味サプライズです。

それからあんりちゃんは自分の結婚式のウエディングドレスやケーキ、演出などはこうしたいと話すように、結婚式の周りにWANTEDと書いたはるちゃんと田辺さんの顔写真を貼りまくって、強そうな男たちを何人も雇って2人が侵入できないようにすると言ってました。

私　前にはるちゃんが変装して結婚式に侵入するって言ってたね。

あんりちゃん　絶対に阻止します！　結婚式場をムキムキの男たちでかためて、2人が入ろうとしたら背負い投げしてもらいます。

私はあんりちゃんの結婚式がいろんな意味で楽しみになりました。

しかし、私は一つだけ気になることがありました。だけどそれをあんりちゃんに言うことが私にはできませんでした。

私　（言ったほうが良いのか……いや、言えない……）

あんりちゃんとのやり取りの数時間後、田辺さんから「1月8日にあけおめLINEをするのは遅すぎる？」と連絡がきたので「遅いけど印象には残るのでは？」という回答と一緒に、「結婚式出禁話」を聞いたことを報告しました。

私　田辺さん！　あんりちゃんの結婚式に出禁になった話聞いたよ！

田辺さん　そう！　呼んでくれないって！　私もフランス行きたいからちょうどいいのにね！

私　ねぇ『ティファニーで朝食を』ってニューヨークの話じゃない？

『ティファニーで朝食を』の舞台はニューヨークなのになぜフランスがちょうどいいのか？　あんりちゃんから話を聞いているときからずっと気になっていたことを田辺さんに伝えました。本当は私があんりちゃんに指摘しても良かったのですが、私は誰かが間違った知識を話しているとき、私が指摘してその人に「うざっ！」と嫌われるよりは別のところでそのま

ま話して恥をかいて欲しいと思う、そういうせこい人間なのです。

田辺さん なんてこった！

私 誰がフランスって言いだしたの？

田辺さん 私だね。

私 何でフランスって言ったの？

田辺さん ティファニー＝フランスだと……あ、本当だ、調べたらニューヨークの話だわ。

私 あんりちゃん、田辺さんの勢いに飲み込まれてフランスの話だと思っちゃってるよ。

田辺さん やばいね。

私 田辺さんのせいであんりちゃんもあんりちゃんの旦那も新婚旅行でフランスに行っちゃったら『ティファニーで朝食を』ごっこできないじゃん。

田辺さん 申し訳ないね。『ベルサイユのばら』ごっこはできるよ。

私 それやりたいの田辺さんでしょ。

田辺さん まぁね～。

田辺さんは人の新婚旅行を何だと思っているのかと私が感じていると、さすがの田辺さんも少し反省しているようでした。

田辺さん 私、恥さらしだよ！ 最近はるちゃんにバカでも良いけど知らなきゃいけないこともあるよ！ って偉そうに言ったばかりなのに！ 大馬鹿は私だよ！

私 田辺さん、恥ずかしい！

田辺さん 間違えた上に結婚式に呼ばれないなんてガーンだね。

私 あんりちゃんに教えてあげな！ あれはフランスじゃなくてニューヨークだって！

田辺さん 怒られるから嫌よ！

あんりちゃんがこの話を読んでくれることを願います。

育休中に相方がめちゃくちゃ売れた　あんりちゃん編

　育休中にめちゃくちゃ売れた私の相方。親愛なるあんりちゃんに向けて書きたいと思います。

　ぼる塾を結成する以前のコンビ時代、あんりちゃんは私にとって一番近いライバルでした。

　しんぼるも猫塾も漫才をしていたし、お互いネタを書く側でツッコミと似たような立場だったので比べられることも多く、私はライバル視していました。それはもう『ドラゴンボール』のベジータが悟空をライバル視するくらいライバル視していました。私はベジータよりは大人なので地球を巻き込んで争ったりはせず闘志はこっそり隠していましたが、田辺さんのように純粋に後輩のあんりちゃんを可愛がることはできませんでした。

　ぼる塾になって、そんなあんりちゃんが私の相方になりました。相方になったあんりちゃんはとても心強い存在でした。今まで脅威だった人の才能が全て味方の力になったのです。

　あんりちゃんがいるから大丈夫、あんりちゃんがいるから安心できる、あんりちゃんがいるからゆっくり休める。めでたしめでたし。

　しかし、それだけでは終われませんでした。反面、私は彼女に嫉妬もしていました。私は悟空と仲間になった後のベジータと同じく、仲間になってもあんりちゃんへのライバル心を捨てることはできませんでした。

　私はあんりちゃんが田辺さんの隣で笑いをとっている姿を見て、悔しくて悔しくて仕方がありませんでした。私はあんりちゃんに自分が笑いで負

けたのだと思いました。

　仲間の活躍を純粋に喜べず、そんなことを思ってしまう自分が情けなくて悔しくて仕方がなかったです。

　そんなある日のことです。私はぼる塾が出ているテレビ番組を見ていました。

あんりちゃん　ぼる塾のリーダーは酒寄さんです。

　　私　　え、私がリーダー!?　ぼる塾のリーダーって私なの？

　テレビであんりちゃんが私も初耳の情報を話していました。私は戸惑いました。なぜ休んでいる私がリーダーに？　これは委員決めの日に学校を休んじゃった子を学級委員にしてしまうようなものかと思いました。しかし、リーダーと言われたことで、ただ休んでいるだけだった自分が一気にぼる塾の一員である気持ちになりました。

　またある日のことです。あんりちゃんから連絡が来ました。

あんりちゃん　酒寄さん、一緒にネタを作ってくれませんか？

　それまでのぼる塾のネタ作りは、

　田辺さん　は〜い！　あんりから酒寄さんにネタの相談なんだけど、ここ
　　　　　　の部分のボケって〜。

　と、一度田辺さんを挟んで私が相談に乗っていました。それを最初から2人で一緒に作りたいとあんりちゃんは言いました。

　そこから私たちは一緒にネタ作りをするようになりました。あんりちゃんとのネタ作りは楽しく、自分は舞台に立てなくても、私の考えたネタで3人が笑いをとっている姿を見るととても嬉しくなりました。

　さらにこれは昔からの習慣なのですが、私は田辺さんと毎日連絡を取っています。その中で田辺さんはあんりちゃんの話もよくしてくれました。

　田辺さん　あんりがハンバーグ食べながら、酒寄さんは人の意見を否定せず
　　　　　　に話を広げられるから凄いって言っていたよ！

89

田辺さん あんりが焼肉食べながら、酒寄さんのネタはみんなを活かすネタだって！　私も追いつきたいって言っていたよ！

田辺さん あんりがジンギスカン食べながら、酒寄さんが居てくれて本当に良かったって言っていたよ！

田辺さん あんりは照れ屋だから直接は言わないけど、すっごく酒寄さんのこと褒めているし尊敬しているよ！

　あんりちゃんは私の前でそんな素振りは見せませんでしたが、肉の前では私のことを田辺さんに話してくれていたのです。

田辺さん あんり、ステーキ屋で伝票挟む所を店員さん呼ぶボタンと間違えて押してたよ！

　あんりちゃんのお茶目エピソードも一緒に教えてくれました。

　そしてもうひとつ、あんりちゃんの心の中を知る機会がありました。

　ぼる塾４人でリレーエッセイをしているのですが、その中であんりちゃんが私について書いてくれた回がありました。ぼる塾になる前のコンビ時代の話でした。

【隙を見て酒寄さんに話しかける！　今日の私の闘いは舞台より楽屋だ！】

　あんりちゃんは私と仲良くなりたくて、勇気を出して話しかけたと書いてありました。

　あんりちゃんは私に気に入られるために好きな映画は『ダンサー・イン・ザ・ダーク』と答えたことまで書いてくれていました。酒寄さんは暗い映画が好きそうだから、と。

　私は読んでいて、あんりちゃんは私のことをどんな女だと思っているんだろうと思いました（ちなみに田辺さんは、私が好きな映画は『羊たちの沈黙』だと言ったことを聞いていたにもかかわらず、「酒寄さんが好きそうな映画見つけたよ！」と『カーズ２』を勧めてくれました。なぜ？しかもいきなり２）。

　私はあんりちゃんに会ったときに、私のこと書いてくれて嬉しかったと話しました。あんりちゃんは照れくさそうに言いました。

あんりちゃん　私、ずっと酒寄さんと仲良くなりたかったんです。

　あ〜私ってちいせ〜人間だったな〜あんりちゃん好き〜超好き〜ごめんね、本当にごめん。

　そして現在。

あんりちゃん　弁当どれにするか迷いますね。

　私　どれも美味しそうで選べないね。

あんりちゃん　じゃあ、私が弁当シャッフルするので酒寄さんは目を瞑って左か右か選んでください！

　私はあんりちゃんと弁当がどれも美味しそうで選べないからシャッフルして決めるゲームをするくらい仲良くなることができました。

　私　あのさ、弁当シャッフルしているときに聞くことじゃないかもしれないけど良いかな？

あんりちゃん　何ですか？

　私　あんりちゃんさ、何で「リーダーは酒寄さんです！」って言ってくれたの？

　私はもしかしたら、ぼる塾でどうしていいかわからない私のために、あんりちゃんが居場所を作ってくれたのではないかと思っていました。

あんりちゃん　酒寄さんをリーダーにした理由ですか？　それは……。

　私　それは？

あんりちゃん　酒寄さんが一番長生きしそうだからです。

　私　……は？

あんりちゃん　酒寄さんって一番ぼる塾の中で健康的じゃないですか。やっぱりぼる塾は末永く続いて欲しいですからね。未来にぼる塾の功績を

伝えるために一番長生きしそうな人がリーダーやるべきだなって
思ったんです。はるちゃんも健康そうだけど、あの女がリーダー
なんてやったら未来どころか今すぐぼる塾終わるから。

私　寿命の長さでリーダーに抜擢されたの？

あんりちゃん　そうです！　長生きしそうではるちゃんより賢いからです！

　あんりちゃんの目は澄み切っていて、照れなのかマジなのかわかりませ
んでした。

酒寄さん、見て！

今日もデート服で来ちゃった

あんりの ファッション SNAP

おしゃれが大好きなあんりちゃんにコーディネートを見せてもらいました！ ポーズがとっても可愛いです！ ファッションの参考にするもよし！ あんりちゃんとのデートを想像するもよし！ コーディネートはこーでねーとっ！

水族館デート最高！ 私まで泳ぎ出しそうでしょ

水色スウェット／H&M ストライプシャツ／プニュズ ジーパン／ハッピーマリリン 全体を青でまとめました！ 重ね着が一番楽しい！

アパレルデート、了解！ あなたに似合う服なんてたくさんありすぎて選べるかしら

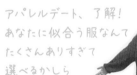

ニット／H&M スカート／UNIQLO 白とグレーの色合いが好きです。シンプルな冬を感じさせるコーデです。

ショッピングデート。お揃いの物なんて買っちゃったりなんかして

オーケストラデート？ OBだと思われない？

ジャケット／GU ニット／GU スカート／GU かしこまったコーデは特別感。普段はしないようなことをしたくなる。

ジャケット／GU ニット／GU スカート／GU 黒とベージュの色合わせはできる女感。所詮感、されど感。形から入るの大事。

ラーメン屋デート
できる仲になれたら
もう心配ないわね

シャツ／AS KNOW AS　ニット
／GU スカート／GU カジュアル
系のオシャレできる人になりたい。
手に取った服がたまたまオシャレ
だった人になってるつもり。

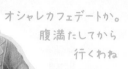

オシャレカフェデートか。
腹満たしてから
行くわね

ニット／GU　スカー
ト　／AS KNOW AS
女性らしさをアピール。
かよわさより温かさ。

お台場デート楽しみにしてたの。
でも、スポッチャでいいところ
見せるのは諦めてるわ

水色チェックワンピース／AS KNOW
AS　ベスト／ジーナシス　ラフだけど、
目を引くコーデ。水色と白って空みたい。

原宿デートね。クレープ食べる時、
白にこぼさないよね

チェックセットアップ／AS KNOW AS　ベス
ト／ジーナシス　ワンピースじゃなくセット
アップなんです。こなれ感、出せてるといいな。

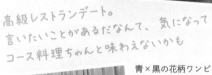

高級レストランデート。
言いたいことがあるだなんて、気になって
コース料理ちゃんと味わえないかも

青×黒の花柄ワンピ
ース／GU　ロング
ベスト／AS KNOW
AS　上品コーデを
意識しました。黒
と青って深みを感
じてミステリアス。

美術館デート
初めて！
あなたが私の
教科書よ！

ロングベスト＆ワン
ピース／AS KNOW
AS　ワンピだからラ
クちん。ラクもしな
きゃ楽しめない。

散歩デートワクワク。
面白い話じゃなくて
楽しい話を
しましょうね

紺トレーナー／H&M　サックスワ
ンピース／AS KNOW AS　私って
青が好きですね。トレーナーとシャ
ツというボーイッシュでありながら
ワンピースという女性らしさがポイン
トです。

図書館デートなんて
知的ね。話すと迷惑に
なるから表情で会話ね

ワンピース／AS KNOW AS
一枚で決まるワンピースって大
好き。だからこそワンピース選
びは真剣です。

動物園デートはわんぱくに。
一番可愛いのは私って
ことにしてね

紅葉デートって素敵。
短く儚い季節をあなたと
楽しめて幸せよ

花柄ブラウス／古着　ボルドー
カーディガン／UNIQLO　スカ
ート／不明　赤と黒ってシック
ですよね。ヒーローやプリンセ
スというよりはヴィランズ味
があって好きです。

パーカー／GAP　シャツ／
AS KNOW AS　ジャンパー
スカート／GU　白って無限
大。何色にも染まれるから
清々しい気分になれます。

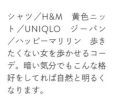

シャツ／H&M　黄色ニッ
ト／UNIQLO　ジーパン
／ハッピーマリリン　歩き
たくない女を歩かせるコー
デ。暗い気分でもこんな格
好をしてれば自然と明るく
なります。

ハイキングデートは
休憩とりながら。
お弁当は任せて

CHAPTER
3

ピョンピョン
はるちゃん

トークライブ前のトーク

　ぼる塾は、神保町のよしもと漫才劇場でトークライブをしています。そのトークライブ前に４人で打ち合わせをしたときのことです。

あんりちゃん　この後のトークライブは何を話しましょうか？

私　今回が今年最後のトークライブだよね。

あんりちゃん　確かに！　今年最後ですね！　ちょっと早いけどクリスマスの話します？

はるちゃん　クリスマスか〜、まだ11月だけどもうお店とかクリスマス仕様になってるよね〜。

あんりちゃん　みんなはクリスマスの思い出とかありますか？

田辺さん　あるよ。私。

　　　数分後。

田辺さん　で、結果、私は楽しいクリスマスを過ごせたのよ。

あんりちゃん　……素敵なお話でした。でも今そこまで丁寧に全てを話されたら、もう本番で聞いても良いリアクションとれないです。

田辺さん　ああ！　また私はやっちゃったよ!!　全部喋っちゃうの!!

はるちゃん　ねーねー！　今年最後ならこの１年のぼる塾を振り返るっていうのは？

あんりちゃん　あんた良いこと言うじゃない！

はるちゃん　まぁね〜！

あんりちゃん　田辺さんよりはるちゃんのほうが「まぁね〜」やってるよね。

はるちゃん　まぁね〜！　もう私のにします！

田辺さん　駄目だよっ!!　はっ!!　やだ、びっくりしたっ!!

あんりちゃん　びっくりしたのはこっちです。

　田辺さんは自分で出した大声に驚いていました。

私　でもこの1年はいろんなことがあったから、話すことたくさんあるよね。

あんりちゃん　はい！　まず1月は私がMARC JACOBSの財布を買いました。

田辺さん　……クスクス。

私　何笑ってるの？

田辺さん　いや、さっきみんなで行ったカレー屋であんりが付け合わせのポテト（ふかし芋）を手づかみで食べてるのを見てはるちゃんが、「あんり、じゃがいもを果実みたいに食べて格好良いね」って言ったのがじわじわ面白くて！

　私たちは打ち合わせの前にカレーを楽しんでいました。

はるちゃん　あれ格好良かったよ！　あんりが持ってたじゃがいもがリンゴに見えた！

田辺さん　クスクス……ポテトを果実にするなんて！

あんりちゃん　田辺さんだってポテトの部屋作ってたじゃないですか！

　それも先ほどのカレー屋での出来事です。田辺さんの正面に座っていたあんりちゃんが

「何してるんですか？」

　と田辺さんの行動を不思議そうに見ていました。

田辺さん　え？　ポテトの部屋作ってるの。

　私も聞いたことのない単語が気になって田辺さんを見ると、彼女はライスを寄せて空きスペースを作り、謎のポテトの部屋を作っていました。

田辺さん　ようこそ、いらっしゃい。

　そこにポテトを入居させて、丁寧にバターを塗っていました。

はるちゃん　ポテトの部屋を作るとか田辺さん可愛い！

田辺さん　うるさい！　はるちゃんあっち行って！

あんりちゃん　そうそう、この2人がルームシェアを始めたのは2月でしたね。私も2月に実家を出ました。

田辺さん　あのさ、私、最近将来が怖いのよ……。

あんりちゃん　どうしたんですか急に。

田辺さん　女芸人のバービーさんのブログを読んでるとさ、同い年なのにこんなにも考え方がしっかりしてるんだって反省するのよ。私は本当に何も考えてないんだなって。何にも考えてないよ…何も……。

私　なんて声をかけたらいいか……。そうだね……2人は同い年なんだね。

田辺さん　相席スタートのケイさんのブログ読んでてもさ……しっかり考えてて。

あんりちゃん　田辺さんはいつも他の女芸人のブログ読んでますよね。

私　そうなの？

あんりちゃん　はい。最近ずっと他の女芸人のブログの感想ばかり話してきます。

田辺さん　偶然よ！　偶然！　たまたま私が見てるタイミングでみんな更新するのよ！

あんりちゃん　田辺さん、他の女芸人のブログの中に田辺さんの将来の答えはないですよ。

　私はそれを聞いて、なんか『千の風になって』の歌詞みたいだなと思いました。

あんりちゃん　これから将来についてちゃんと考えれば間に合いますよ。

田辺さん　そうよね！　最近ね、やっと給料全部使い切らなくなったの。

はるちゃん　田辺さん、「今月給料余ったから全部使ってやったわ！　けけけー！」とか言ってたのに成長しましたね。

あんりちゃん　やべーやつだな。

田辺さん　私、やばかったね。やっと先月から貯金も始めたわ。でもさ、自

分と同じ年の人の平均貯金額みたいのをこの前たまたまネットで
読んでさ！　びっくりよ！　みんな貯めこんでやがるの！

|私|田辺さん口悪い！|

田辺さん　みんなどうやって貯金してるの？　結構な大金よ！

あんりちゃん　みんなちゃんとできるところはやりくりして、我慢したりしてる
んですよ！　昔からコツコツ貯金しているから田辺さんと同い
年でもある程度まとまったお金を貯金できてるんです。

田辺さん　かーっ！　偉いねっ！　私は昔から貯金は苦手よ！　そうそう
昔さ、小遣いがピンチになったとき、じいさんにモンブラン買っ
て来てあげるって言ってよくお釣りをちょろまかしてたよ。

私　ズル賢い子どもだね。

田辺さん　32歳のときよ。

あんりちゃん　思ったよりかなり最近ですね。

はるちゃん　そんな田辺さんも好きー！

あんりちゃん　良かったじゃないですか。田辺さんにははるちゃんがいますよ。

田辺さん　はるちゃんは嫌よ！

あんりちゃん　そんなこと言ってるとYouTubeのコメントで田辺さんが"はる
ちゃんに冷たい"、"はるちゃんがかわいそう"ってきちゃいますよ。

田辺さん　かわいそうなのは私よ！　みんな騙されてる！

　田辺さんはぎゅっと顔をしかめ、まるで小籠包を真上から見たような顔
をしていました。

はるちゃん　あーん！　田辺さんそんな顔しないで！

あんりちゃん　はるちゃんさ、そんなに田辺さんが好きならライブで田辺さんが
やらかしたときとかも助けてあげなよ！

はるちゃん　えー！　助けてるよー！

あんりちゃん　助けになってないほうが多い！　好きならどんなときも、田辺
さんがやらかしたらあんたが田辺さんの尻ぬぐいしな！

あんりちゃんがそう言うと、はるちゃんはすぐに言い返しました。

はるちゃん 何言ってるの!?　嫌だよ!!

私 え、即答の拒否！

あんりちゃん え、はるちゃん？

はるちゃん 何で私が田辺さんのお尻拭かなきゃいけないの!?　好きでもそれはできないよ!!

　と、本気で嫌がったので、あんりちゃんは"本当に田辺さんの尻を拭くわけではない"ことを説明していました。

はるちゃんの誕生日プレゼント

2022年1月28日、はるちゃん27歳のお誕生日でした。その日は直接会ってお祝いすることができなかったのですが、YouTubeの生配信でファンの方と一緒にはるちゃんをお祝いすることができました。

私　誕生日プレゼントは後日渡すね！

はるちゃん　楽しみにしています！

2022年3月某日。

私　はるちゃんの誕生日プレゼントどうしよう……。

私はまだ、はるちゃんに誕生日プレゼントを渡せていませんでした。何を渡そうか悩んでいたら、いつの間にか時間が過ぎていたのです。

私　あんりちゃんと田辺さんのプレゼントが最高すぎたからな～。

2人は誕生日当日にプレゼントを渡していました。

あんりちゃんは、はるちゃんが好きなブランドの服を誕生日当日に、はるちゃんの家に届くように指定して送っていました。そのとき、あんりちゃんはうっかり送り主の部分を書かず、メッセージカードなども添えなかったため、受け取ったはるちゃんはこう思ったそうです。

はるちゃん　送り主がwebサイトになってたんで、え？　私注文したっけ？ってなって！　で、開けたら私の好きなブランドの服が入ってて!!　今日誕生日だし、誰かが送ってくれたのかなぁ？　私の好きな服を知ってて、住所も知ってる人って……誰!?　怖っ!!ってなりました！

そして田辺さんは生配信中に、はるちゃんの誕生日だからはるちゃんの好きなことをしようとあらかじめ決めていたにもかかわらず、

はるちゃん　今日は私が主役のプリンセスなので私がやりたいことしまーす!! いえーい!

私　何だろう？　怖ーい。

田辺さん　ハッピーバースデー!!　これプレゼント!

はるちゃん　え!?　このタイミングですか？

　と、はるちゃんの企画をガン無視してプレゼントを渡していたのです。後で田辺さんにこの謎のタイミングの理由を尋ねたところ、

田辺さん　絶対にはるちゃんはろくなことをしないから、少しでも阻止したかった。

　とのことでした。イヴ・サンローランの高級化粧品セットをプレゼントした相手に対するものとは思えないコメントでした。

私　あの2人の後でどんな贈り物しても（いろんな意味で）勝てない!

　私は誕生日プレゼント迷子になったのです。1人ではどうして良いかわからなくなり、あんりちゃんと田辺さんそれぞれに相談しました。

あんりちゃん　酒寄さんからのプレゼントなら何でも喜びます!

田辺さん　酒寄さんからのプレゼントならどんなものでも嬉しいわよ!

　2人からは同じ答えが返ってきました。

私　それはわかってるよ!!　でも、2人に負けちゃう!

あんりちゃん　酒寄さん、プレゼントに勝ち負けなんてないですよ!　それに私は幼なじみから危うくストーカーになりそうだったんですよ!

田辺さん　大事なのは祝う気持ちよ!　私なんてはるちゃんの誕生日だからって理由で、関係ないのに自分用にもイヴ・サンローラン買ったわ!　はるちゃんの誕生日を利用してやったわ!

　私は2人に励まされ、気持ちを切り替えました。後日ぼる塾の企画ラ

イブがあったので、その日にプレゼントを渡すために準備をしました。

　そして当日。
　　私　　お疲れさまー！
　田辺さん　は〜い！
　あんりちゃん　酒寄さん！　お疲れさまです！
　はるちゃん　あ！　ママだ〜！　嬉しい〜！
　田辺さん　酒寄さんはあんたのママじゃないよ！
　３人は企画ライブの前にも別のライブがあったのですが、もう出番は終わっていたので、すぐにはるちゃんにプレゼントを渡せそうでした。
　　私　　来て早々なんだけど、これ誕生日プレゼント。遅れてごめんね！
　はるちゃん　わ〜!!　嬉しいです!!　ありがとうございます！
　はるちゃんは私の想像以上に喜んでくれました。その姿を見て、あんりちゃんと田辺さんが微笑みながらこちらを見ています。
　はるちゃん　わ〜！　いろいろ入ってる!!　見て良いですか？
　　私　　うん。どうぞどうぞ。
　はるちゃん　これは本ですか？
　　私　　さくらももこの短編集。コジコジ薦めたとき、良かったって言ってくれたから。
　田辺さん　あ！　それ良い本だよ！　『ほのぼの劇場』面白いわよね！
　はるちゃん　こっちはいろいろ美味しそう！
　　私　　この袋はカルディで買った美味しい物を詰め合わせたよ。
　あんりちゃん　カルディ良いですよね！　やったね！　はるちゃん！
　あんりちゃんと田辺さんは私がプレゼントの心配をしていたことを知っていたからか、２人してさり気なく私のプレゼントを褒めてくれました。
　　私　　（相談後にこんなアフターケアーまでしてくれるなんて……なんて最高の仲間なんだ！　ありがとう！）

と、私は思い、以前、あんりちゃんを猪八戒、田辺さんを猪八戒２にした猪八戒の比率が多い西遊記のコントを書いたりしたことを心の中で謝りました。

はるちゃん　あ！　おいせさんのお浄め恋スプレーだ！　入浴剤も！

私　田辺さんに、最近おいせさんの存在を教えてもらってこれはあげたい！って思って！

田辺さん　私はお浄め塩スプレーを持ってるわよ！

はるちゃん　これってどうやって使うんですか？

田辺さん　はるちゃん！　これはね！　こうやって使うのよ！　自分に直接かけちゃ駄目！　空間に撒くの！

　田辺さんが実際に使い方を見せてくれました。

あんりちゃん　田辺さんの使い方、虫殺すときの撒き方っぽいです。

田辺さん　え、嘘!?

　確かに田辺さんの撒き方は、お母さんが自分も虫は苦手だけど他の家族が役に立たないから頑張って戦っている姿に似ていました。

はるちゃん　これは日本酒だ！　嬉しい！　美味しそう！

私　それはカクヤスの店員さんが一緒に選んでくれたんだ。

はるちゃん　初めて飲むお酒です！　楽しみ！

　日本酒に詳しくない私は、カクヤスに行って店員さんに「山田錦が好きで辛口が好きな人にあげたい」と相談したところ、

店員さん　情報が少なすぎますね。

　と言われました。しかし、

店員さん　うーん……これとかですかね？

私　じゃあ、それに。

店員さん　……いや、待ってください！　こっちも推したい！

私　じゃあ、それに。

店員さん　いや、でも、辛口好きにはこれも良いですよ！　山田錦は使っ

てないんですが!!

　と、ものすごく一緒に（私以上に）悩んでくれました。

　　私　だから、その日本酒に関してはカクヤスの店員さんの手柄だよ。

あんりちゃん　何言ってるんですか！　酒寄さん！　日本酒をあげようって決めたのは酒寄さんでしょ！

　　私　……あんりちゃん！

あんりちゃん　だからその日本酒は酒寄さんとカクヤス店員、２人の愛情がこもった酒なんです!!　はるちゃん!!　大事に飲みな！

はるちゃん　わーい!!　私愛されてるー！

　　私　あんりちゃんって何でそんなに素敵なの？

あんりちゃん　そうです。私は素敵なんです。それなのになぜか田辺さんばっかりいい思いするんですよ。

　以前、田辺さんが本番中に居眠りをしていて、それを注意したあんりちゃんに「田辺さんがかわいそう」というコメントがきたことがありました。

　　私　以上、私からのプレゼントです！　はるちゃん改めてお誕生日おめでとう！

はるちゃん　ありがとうございます！　全部大事にします！

　　私　渡せて良かったよ。

はるちゃん　そうだ！　私、恋バナしたいです！　恋バナしましょうよ！

　はるちゃんが恋バナを始めると、田辺さんはおやすみなさいと目を閉じました。あんりちゃんは立ち上がってお菓子のたくさん入った紙袋の山に向かっていき（ぼる塾の付近には必ずお菓子がたくさんあります）、中身を物色し始めました。私ははるちゃんの恋バナを聞きながら、紙袋を吟味するあんりちゃんを横目で見ていました。

　　私　（あんりちゃんはお菓子を物色しながらも、たくさんあるお菓子の紙袋を一番頑丈な袋にまとめようとしてる。無駄がないなぁ）

あんりちゃんは数あるお菓子の中からリンゴチップスの袋を手に取り、はるちゃんの斜め後ろに座ってリンゴチップスを食べ始めました。

　　私　　（うまっ！　うまっ！　うっま〜!!　あ〜、幸せ〜っ!! ……うん、あんりちゃんいい顔してるよ）

　私ははるちゃんの恋バナを聞きながらも、私の場所からどうしても視界に入ってくるあんりちゃんの顔にアテレコしていました。あんりちゃんは森の動物たちがリンゴチップスを食べたらきっとこんな感じだろうなという顔をしていたのです。

　はるちゃん　そうだ！　酒寄さんに渡したいものがあるんです！　お土産！

　　私　　お土産？

　はるちゃん　ぼる塾でいろんな地方に行ったときのお土産です！　これは私から個人的に酒寄さんに！　田辺さんとあんりには買ってないから内緒ですよ〜なんてっ！

　受け取って私は驚きました。

　　私　　待って、私があげた誕生日プレゼントくらい量あるんだけど。

　腕に重みがズシリときました。

　はるちゃん　酒寄さんにあげたいものがいっぱいあったんです！

　　私　　え〜！　こんなに悪いよ！

　田辺さん　良いのよ、気にしないでもらってよ。

　そのとき、寝ていた田辺さんが突然言葉を発したので私は驚きました。

　田辺さん　遠慮せず、気持ちだから。

　私は何で田辺さんが言うんだよと思いました。

　あんりちゃん　何であんたが言うんだよ。

　田辺さん　すみません。

　　私　　あんりちゃんありがとう。全く同じこと思ったよ。

　田辺さん　悪気はないのよ。

　あんりちゃん　仕方ね〜な〜。

　そう言って1枚、リンゴチップスを食べたあんりちゃんは再び幸せそうな顔になっていました。

私　　　ねえ、全然関係ないんだけど、あんりちゃんさっきから良い顔してリンゴチップス食べるね。

あんりちゃん　え、私、そんな顔に出てました？

私　　　あんりちゃんのバックに森が見えたよ。森の動物たちがリンゴチップス食べたらこんな顔だろうなって顔してた。

はるちゃん　熊ですか？

あんりちゃん　何で決め付けるんだよ!!　でもこれめちゃくちゃ美味しいんですよ！　これもらったやつですけど酒寄さんもちょっと食べてみます？　リンゴチップス！

私　　　ありがとう！　今は大丈夫！　あんりちゃん堪能して！

あんりちゃん　そうですか？　はるちゃんは？

はるちゃん　私は自分の分あるから後でそっち食べる！

あんりちゃん　そう？　田辺さんは？

田辺さん　私も今はいらないわ。

あんりちゃん　そうですか？　欲しくなったら言ってくださいね！

　そう言って、あんりちゃんは森に帰っていきました。

はるちゃん　こっちは京都のお土産です！　こっちは福岡のお土産です！

私　　　わ〜、美味しそう！　辛いのがいっぱい！

はるちゃん　酒寄さん辛いの好きだから辛いの選んでみました！　この辛くないのは息子さんに！

私　　　え、息子の分までありがとう！

田辺さん　ねえ、はるちゃん！

はるちゃん　何ですか？

田辺さん　はるちゃんの分のリンゴチップス食べて良い？

あんりちゃん　何でたった今私が勧めたとき断ったんだよ！

あんりちゃんが森から戻ってきました。

田辺さん　はっ！　やだ！　本当！　何でかしら！

あんりちゃん　あんた、私が勧めたリンゴチップスが食えねえって言うのかよ？

　　怒ったあんりちゃんは森の輩（もりのやから）みたいになっていました。

田辺さん　違うのよ！　そうじゃなくて!!　私ははるちゃんから奪いたかっ
　　　　　たのよ！

　　田辺さんは動揺からか、人を選ぶジャイアンみたいになっていました。

そしてはるちゃんは気付いたら消えていました。

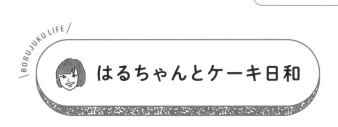

\BORUJUKU LIFE/

はるちゃんとケーキ日和

　その日は、あんりちゃんと田辺さんの誕生日会をぼる塾で開くことになっていました。

　あらかじめ2人にどんなケーキが食べたいか聞いたところ、

田辺さん　ショートケーキ！

あんりちゃん　不二家のショートケーキが食べたいです！

はるちゃん　了解です！　私と酒寄さんで買いに行く！

　ケーキはお誕生日会が始まる前に、私とはるちゃんで買いに行くことになりました。先に着いて待っていると、はるちゃんから連絡がありました。

はるちゃん　すみません！　ちょっと遅れそうです！

私　大丈夫だよ！

はるちゃん　3分か5分くらい！　カップ麺ができます！

私　はーい！

　私は、はるちゃんを待つ間に考え事でもしていようと思いました。

　"……お誕生日会ははるちゃんと田辺さんのシェアハウスで行うから、はるちゃんは家からわざわざケーキを買うためだけに交通機関を使って移動し、買ったらすぐにまた家に戻るってことに……？　よく考えたら私は行く途中なんだし、1人でケーキを買えばよかったのでは!?"

　そんなことを考えていたら、はるちゃんが

「遅れてすみません！　ママー！　会いたかったー！」

　と、元気にやってきました。

　それを見て"ぼる塾には良い無駄がある"ってことにしようと思いました。

はるちゃん　遅れてごめんね！

私　待ってる間に、マッチングアプリで知り合ったっぽい2人の初めてのデートの待ち合わせが見られたからむしろ良かったよ。

はるちゃん　えー！　何ですかそれ！　でも運命の2人だといいですね！

　私とはるちゃんは目的のケーキ屋さんを目指して歩き始めました。天気も良く、これからケーキを買いに行くという予定はなんだか私を素敵な気持ちにさせました。

はるちゃん　そういえば、今日、私が洗面所で支度していたら田辺さんが朝風呂に入っていたみたいで、うっかり鉢合わせしちゃったんですよ。

私　うんうん！

はるちゃん　私に裸を見られて嬉しそうでした!　田辺さんは本当にどスケベです！

　私の素敵な気持ちが少し減少しました。

はるちゃん　「やだよ〜、うひひ」ってこっちを見て笑ってました！　スケベちゃんですよ！

私　それはスケベというより変態では？

はるちゃん　田辺さんはムッツリです。

私　私さ、田辺さんがスケベってイメージないんだよね。

　そう言うと、はるちゃんはとても驚いた顔をしました。

はるちゃん　ええー！　田辺さんはあんなにスケベなのに!?

私　コンビ時代から私に一切下ネタ話したことないんだよね。前に同期にも「田辺さんはスケベだよ」って言われてびっくりしたもん。

はるちゃん　えー！　田辺さんはあんりの持ってるレディースコミック、嬉しそうに読んでますよ。

私　何で私には隠すんだろう……親にエロ本見てるとこ見られたくない子どもの感じなのかな。

はるちゃん　そうかもしれませんね！　田辺さんは、どスケベ番長です！

　田辺さんは、私が知らない間にスケベ界で番を張るまでにのし上がっていました。

はるちゃん　着きましたー！　近すぎー！

　目的のケーキ屋さんは駅近だったので、田辺さんのスケベ話はすぐに終わりました。

私　ホールケーキは大きいから残しちゃうかと思ったけど、実物見たらいけそうだね。カットしてあるのじゃなくてホールにする？

はるちゃん　はい！　ホールケーキいけますね！　私たちですし！　そうだ！

私　どうしたの？

はるちゃん　ペコちゃんのほっぺも人数分買いましょう！　あんりと田辺さんに食べさせてあげたいです！　あと、私が普通に食べたいです！

　と、ホールケーキにプラス、ペコちゃんのほっぺも購入しました。

　店員さんが「保冷剤お付けしますか？」と聞くと、はるちゃんが元気よく「お願いします！」と言いました。

店員さん　持ち歩きの時間どのくらいになりますか？

はるちゃん　２時間です！

　私たちはこの後帰るだけなので、はるちゃんはどれだけ遠回りして帰るつもりだろうと思いました。

店員さん　すみません。保冷剤が２時間は持たないかもしれません。

私　あ！　大丈夫です！　問題ないです。

　ケーキを受け取って再び駅前を目指しながら私は聞きました。

私　はるちゃん、２時間ってこのあと帰るだけだよね？

はるちゃん　そうです！　すみません！　こういうとき、つい贅沢しちゃいそうになって！　保冷剤の豪遊をしてしまいました！

私たちは真っすぐに帰りながら、たわいもない話をしました。

はるちゃん　そういえば酒寄さん！　聞いてくださいよ！

私　どうしたの？

はるちゃん　昨日、仕事終わってからまた別の仕事までの時間が結構空いてたんですよ。

私　うんうん。

はるちゃん　私は買い物しようと思って行かなかったんですけど、あんりと田辺さんは２人でサイゼリヤに行ったんです。

私　うんうん。

はるちゃん　各自で3000円分食べたらしいです。

私　え!?　１人3000円!?　サイゼリヤで!?

はるちゃん　はい！　あんりだけで3000円、田辺さんと２人で6000円です！

私　２人とも3000円食べたの？　え、２人ってお酒飲まないよね？

はるちゃん　はい！　２人ともドリンクバー派です！　だからご飯で3000円です！　しかも最近、私とあんりと田辺さんの３人でもサイゼリヤ行ったばかりだったから、久しぶりのサイゼリヤってわけじゃないんです！　ある程度サイゼリヤ欲が満たされた状態での3000円なんです!!　すごすぎます!!

私　それはさらにすごい！

はるちゃん　それからさすがに２人とも食べ過ぎたって反省したみたいで、次の仕事まで歩けるところまで歩こうってなったみたいで、歩いたんです。

　はるちゃんがそのまま話を続けたので、私は

"え、これ以上この話を続けてもサイゼリヤで１人3000円の話を超えられることある？"

　と思いましたが、静かに聞くことにしました。

はるちゃん　そしたら偶然イルミネーションがやっている場所に2人はたどり
　　　　　着いたんです！

　　　私　あら、素敵だね！　イルミネーション！

はるちゃん　とてもきれいだったみたいで、2人は頑張って歩いた私たちへ
　　　　　のご褒美だねって嬉しくなったみたいで。

　　　私　うんうん。

はるちゃん　その後、あんりが両足つって結果タクシー使ったそうです。

　　　私　まさかのあんりオチ回だった！

　その後は、ぼる塾の3人はみんな"熱愛報道で写真を撮られたい願
望"があるという話になり、はるちゃんが「私がどんな人と報道され
たら『おおっ！』ってなりますか？」と聞いてきたので、私は「石油王
かな」と答えたりしました。

はるちゃん　ただいまー！

　　　私　お邪魔します。

田辺さん　はーい！

あんりちゃん　お疲れさまです！

　　　私　あんりちゃん！　聞いたよ！　サイゼリヤで1人3000円食べた
　　　　　んだって？

　はるちゃんと田辺さんのシェアハウスに着くと、あんりちゃんと田辺さ
んがいたので、さっき聞いた話を本人たちにも聞いてみました。

あんりちゃん　はい！　やんちゃしてしまいました！　でも、3000円は自分で
　　　　　もびっくりです！

田辺さん　ええ！　伝票見てたまげたわね！

　　　私　3000円って一体何を食べたの？

　私がそう質問するとあんりちゃんは姿勢を正して言いました。

あんりちゃん　酒寄さん、私、今回のことで知ったんです。3000円分も食べる

115

と逆に何を食べたかわからないんです。

田辺さん それは本当よ。

あんりちゃん 何食べたか覚えてなくて本当に申し訳ないです。サイゼリヤに。

と、あんりちゃんは私ではなくサイゼリヤに謝っていました。

【おまけ】

はるちゃんがサイゼリヤで3000円食べるなら何を食べるか考えてくれました！

はるちゃん 小エビのサラダ（350円）、冷たいパンプキンスープ（150円）、ミラノ風ドリア（300円）、エスカルゴ（400円）、プチフォカッチャ（セット価格100円）、アラビアータ（400円）、ステーキ（1000円）、辛味チキン（300円）、ほうれん草のソテー×3（300×3＝900円）、豆のサラダ（200円）……3000円いったかな？

私 合計4100円です！

はるちゃん 楽しい！

みなさんのサイゼリヤ3000円の参考にぜひ！

※季節限定の商品があったり、価格は変動するのでお店で確認してくださいね☆

はるちゃんのお酒エピソード

　私の名前は酒寄希望というのですが、漢字を説明するときに「酒が寄ってくるのを希望（きぼう）しますと書いて酒寄希望です」と伝えます。

　しかし、ぼる塾で酒が寄ってくるのを希望しますと言ったら私ではなくはるちゃんです。

　はるちゃんは毎日晩酌を欠かさないお酒好きです。ひとり飲みも誰かと飲むのも好きらしく、酒寄さんとも一緒に飲みたいと嬉しいことを言ってくれます。

はるちゃん　酒寄さんともお酒飲みたいです！

田辺さん　でも酒寄さんははるちゃんとお酒飲みたくないよ！

　しかし、毎回なぜか田辺さんが断ってしまうので、2人で飲んだことはありません。

私　（こんなにお酒が好きならはるちゃんのお酒エピソードとかもあるのかな？）

　私は人のお酒の席でのエピソードを聞くのが好きなので、はるちゃんにも聞いてみることにしました。

私　はるちゃん、忘れられないお酒の席のエピソードってある？

　ライブがあった日のことです。

　空き時間にはるちゃんが「これ、プレゼントです！　酒寄さん好きそうって思っていろいろ買っちゃった！」と辛い物好きの私のために激辛ラーメンやトッポギなどをサプライズでプレゼントしてくれたタイミングで聞いてみました。

はるちゃん　お酒の席のエピソードですか？　う～ん何だろう？

　贈り物をくれた人にエピソードを恐喝するという恩知らずなスタイルをとってしまいましたが、はるちゃんには舞台で変な絡みをされたあげく、

「さぁ、酒寄さんがこのボケのオチをつけて！」

　と、恐怖の大滑りに巻き込まれたりするのでこれくらいは許されるだろうと思いました。

はるちゃん　う～ん……あ！　あんりとの思い出があります！　その前にこのプレゼントどうしよう……そうだ！　良かったら入れてきたこのエコバッグごとあげます！

　　私　　え、良いの？　ありがとう！

　私以外のぼる塾の3人は贈り物をくれるときに入れてきたカバンごとくれることがよくあるのですが、紙袋やビニール袋などではなくトートバッグやエコバッグで貰うと、

　　私　　（これ普通にお出かけに使えるレベルのバッグだよ！　それをくれるなんてすごい……！　このバッグがもう一品のプレゼントじゃん！）

　と毎回感動します。話を戻します。

はるちゃん　コンビ時代の話なんですけど……。

　私が変な所で感動しているとは知らずにはるちゃんは話し始めました。

はるちゃん　そのときはお酒を覚えたてで、飲むのが楽しい！　ってときで同期と朝までオールで飲んでいたんです！　始発で帰ろうってあんりと駅に向かったんですけど、途中で私が気持ち悪くなっちゃって！　自分の限界とかわからないからたくさん飲んじゃってて！

　　私　　うんうん。

　私も身に覚えがあります。

はるちゃん　私ったらあんりを置いてトイレにこもっちゃったんです！　あんりに先に帰って良いよ！って携帯電話で連絡しようと思った

んですけど、そんな余裕もないほど気持ち悪くて。

私　　うんうん。

はるちゃん　ようやく落ち着いたときにはすっごく時間が経っちゃってて！もうあんり帰っちゃったよな〜って思ってドア開けたら、**あんりがドアの前で待っててくれたんです！**

あんりちゃんははるちゃんを焦らせないようにするためか、何も言わずにずっと待っていてくれたそうです。

私　　あら〜！　んま〜！

幼なじみのコンビ時代のいい話に思わず私の中の奥様が飛び出してきました。

はるちゃん　ずっと待たせちゃったのに怒らないで一緒に帰ろって言ってくれて、すごく嬉しかったです！

私　　それは嬉しいね！

はるちゃん　あんりにはお酒のことで結構迷惑かけちゃっているんですけど！本当に優しいです！

私　　（その気持ちわかる！　わかるよ〜！）

はるちゃんとあんりちゃんの話を聞いて、田辺さんと自分のことを思い出しました。私もコンビ時代にとても酔っぱらってしまい、田辺さんが私をおんぶしてくれたことがありました。

私は、おんぶして渋谷センター街を歩いてくれる田辺さんの背中の上で、

「助けてー!!　殺されるー!!」

と叫んだそうです。田辺さんはみんなの視線を一身に受けながら、

「違います！　私たちは友達です！　大丈夫です！」

と、今すぐ友達をやめたいであろう女との友達アピールを必死にしたそうです。そのときのことを私は覚えてないのですが、田辺さんは今でも、

「あのときは本当に焦ったよ！　渋谷センター街でガリガリの女をこんなでかい女が運んでいたら絶対怪しいじゃない！」

と、全く悪くない自分自身の悪口まで含めて語ってくれます。

はるちゃん 他に何かあるかな〜。あ、もう一つありました！

はるちゃんは再び話し始めてくれました。

はるちゃん これもコンビのときのことで、初めて先輩達と一緒にユニットコントしたときの打ち上げだったんですけど。

私 うんうん。

はるちゃん すごく緊張しちゃって、一番後輩だからいろいろしなきゃって、食べ物取り分けなきゃ！　とか、お酒なくなったら聞かなきゃ！　とか。

私 わかる！　最初本当に緊張するよね！

はるちゃん なんとかデザートまできたとき、一人の先輩がふざけてデザートを一つ隠したんです。それに気がつかないで私は配っていて、1個足りないってなって。

私 うんうん。

はるちゃん 「きりや、デザート1個足りないよ！」って言われて、私、泣いちゃったんです！　それで隠した先輩が大慌てで謝ってくれて、せっかくの打ち上げの空気悪くしちゃいました！

私 あら〜！　でもそれははるちゃんは悪くないよ。

はるちゃん 私恥ずかしいです！　先輩のボケに泣くって！　今なら先輩にだってちゃんと返せるのに！

　今のはるちゃんはダウンタウンの浜田さんに"出前館さん"とあだ名をつけたり、メイプル超合金のなつさんに"雪だるま"と言ったり、怖いものなしです。

はるちゃん 他に何かあったかな〜。

後輩芸人 はるちゃんさんのお酒エピソード、オレありますよ。

　そのとき突然、同じ楽屋にいた後輩芸人のAくんが話しかけてきました。

Aくん　すみません、聞こえてきちゃって。

はるちゃん　え〜何かある〜？

私　良かったら教えて！

Aくん　かなり昔の話なんですけど。

そう言ってAくんは話し始めました。

Aくん　ある日、はるちゃんさんからカラオケのパセラに呼び出されて、行ってみたら後輩のイケメンの男芸人ばっかり5、6人いて、はるちゃんさんがホストごっこしてました。

私　何それ！

Aくん　オレはイケメンじゃないから何で呼ばれたのかと思ったら「Aは食べ飲み要員！　って言われて、いっぱい飯食わせてくれて、みんなでカラオケして盛り上がって、最後全員分のお金をはるちゃんさんが払って去って行った姿、まじ格好良かったです！

はるちゃん　あぁ、そんなこともあったね！

Aくん　いつか落ち着いたらまた誘ってください！

はるちゃん　任せな！

私ははるちゃんの新たな一面を見たような気がしました。後輩のAくんが去った後、改めてはるちゃんに聞いてみました。

私　はるちゃん、ホストごっこって何？

はるちゃん　いや〜、暇な日に後輩何人か誘ったんですけど、気づいたらイケメンばっかりだったの！　本当のホストクラブは行ったことないです！　でも、ホストに話しかけられたことはあります！

はるちゃんはホストにキャッチされたことをなぜか誇らしげに語ってきました。ちょっと格好悪かったです。

育休中に相方がめちゃくちゃ売れた　はるちゃん編

私の相方は3人います。ぼる塾のクソガキ担当はるちゃんに向けて。

　はるちゃんとは、正直ぼる塾を結成するまでそんなに親密に関わったことはありませんでした。もちろん、可愛い後輩でしたが、しんぼるのときのはるちゃんはいつもあんりちゃんの後ろに隠れている大人しい女の子の印象でした。

　私も常に田辺さんの後ろに隠れていたので、角度によってはその場に田辺さんとあんりちゃんの2人しかいないように見えていたかもしれません。私もはるちゃんもお互いコンビの忍者の方（隠れるから）だったのです。

　しかし、コンビのときからはるちゃんは私にとって気になる存在ではありました。

田辺さん はるちゃんは秘めた力があるかもしれない

　コンビ時代のことです。田辺さんと私でネタ作りをしていると、田辺さんが話し出しました。

私 どうしたの？

田辺さん この前のライブ終わりにさ！

　たまたま田辺さんとはるちゃんの2人きりになったらしく、ご飯を食べに行ったそうです。

田辺さん 食事していたらさ、突然店内が停電で暗くなっちゃったの。すぐに店員さんが謝罪に来てくれてさ、「すみません。お食事の料金

122

をお返しします」って。

　私　　ラッキーだね。

　田辺さん　それを聞いた瞬間はるちゃんがさ、「じゃあトッピングのパク
　　　　　チー追加でお願いします！」って言ったのよ！　あの子はたぶ
　　　　　ん化けるよ！

　その話を聞いてから、はるちゃんは何かあると思うようになりました。

　それから月日は流れ、私は妊娠しました。ちょうどそのときにしんぼる
と猫塾のツーマンライブがあったのですが、私はつわりで舞台に立つこと
が難しく、田辺さんはあんりちゃんとはるちゃんと３人でライブに出る
ことになりました。

　このときしんぼるのネタは良いとして、田辺さんのピンネタは不安だと
田辺さん以外の全員が思い、この日限りの限定ネタとして、あんりちゃん、
はるちゃん、田辺さんのトリオ漫才を披露することになりました。

　私　　（今頃、ライブしているかな……大丈夫だったかな）

　私が結果を気にしていると、ライブ終わりですぐに田辺さんが連絡をく
れました。

　田辺さん　３人のネタとってもウケたわ！　尋常じゃないくらい！

　私　　すごいね！　良かったー！

　田辺さん　良かったよ！　はるちゃん、今日ライブ始まる前に楽屋で泣い
　　　　　ててさ。

　私　　え、何で!?

　田辺さん　最近ネタを忘れるとかミスが酷いらしくて、今日もそうなったら
　　　　　怖いって。

　猫塾は私の妊娠によって今後がどうなるかわからない時期でしたが、し
んぼるも解散の瀬戸際で、あんりちゃんが芸人を辞めるかもしれないとい
う危機のときでした。

田辺さん　でも始まったら大丈夫だったよ！　はるちゃんばっちりだった！　今日のライブ、はるちゃんもあんりも楽しそうで良かったよ。酒寄さんも復帰したら、みんなで一緒に出ましょうね！

　そしてこの日のライブをきっかけにぼる塾は結成されました。
　ぼる塾になり、はるちゃんはどんどん明るく元気な女の子になっていきました。はるちゃんはいつも笑顔で楽しそうでした。私がテレビでぼる塾を見ているときも、はるちゃんの笑い声は誰よりも大きくこちらに届いていました。

はるちゃん　酒寄さん、こ、こんにちは！

　でも4人で会うときは私に少し緊張するのかテレビのはるちゃんよりも少しシャイで、しんぼる時代の大人しい彼女が見え隠れしていました。それは私も同じだったかもしれません。

はるちゃん　酒寄さん……えっと…元気ですか？

　私　あ、うん。元気だよ

田辺さん　はるちゃんが酒寄さんの前でいい子ぶりっこしてる！

あんりちゃん　この女、陰で酒寄さんをガリガリくそばばあって言ってますよ。

はるちゃん　言ってないよ！

　そんなぎくしゃくしていた私たちでしたが、

はるちゃん　ママー！　やっほー！

　私　はるちゃん（酒寄さんじゃなくてママって新しい呼び方で呼んでくれた）！

　会うたびに少しずつ壁は薄くなり、はるちゃんが初めて私にあんりちゃんと田辺さんにするように

はるちゃん　ママー！　お尻お尻お尻〜！

　と、お尻を振ってくれたときはうざさより嬉しさが勝ちました。今じゃ考えられませんが。今なら背負い投げです。

　そして心を開いてくれてからは、ギャグのことやテレビの出方なども少しずつリーダーの私に相談してくれるようになりました。

はるちゃん　こんな時間にごめんなさい。

　そんなある日、はるちゃんから連絡がきました。深夜にとても長文のメッセージが送られてきて、私は驚きました。

はるちゃん　酒寄さん、あんりも田辺さんもすごいんです。2人がどんどん先にいっちゃう、私だけ駄目なんです。私、ぼる塾にいらないかもしれないって。

　いつも楽しそうに見えていたはるちゃんは、私と同じ悩みを持っていました。私も育休中の自分はぼる塾にいらないのではないかとずっと悩んでいました。

はるちゃん　怖いんです。私だけいらないってクビになったらどうしようって。

　一緒にいられないからこそ、思うこと。
　一緒にいるからこそ、感じること。

はるちゃん　私、ぼる塾でいたいです。
はるちゃん　ぼる塾はすごく楽しい。だけど急に不安になる。
はるちゃん　みんなが私をいらないって言うの。
　　　私　いる！　いなきゃ駄目！　いないなんて考えられない！　私ははるちゃんにしかできないお笑いたくさん見たよ！

　私は一緒にいられないけど、はるちゃんの面白いところをずっとテレビで見ていました。この子の良いところをたくさん伝えてあげたい。だって、はるちゃんはずっとテレビで視聴者に、私に、言ってくれていました。

はるちゃん　ぼる塾は4人なんです！　最強チームです！　天下取ります！

　はるちゃんは誰よりも4人でいることを大切にしてくれました。その4人は、口にしたはるちゃんを含めての4人です。4人を大事にするっ

てことは、自分も大切なぼる塾のメンバーだって思うことなのです。

　　私　はるちゃん、あなたは絶対に必要。だってぼる塾は4人でぼる
　　　　塾だよ。

　私ははるちゃんを必要としたとき、自分もぼる塾の一員なのだと改めて
強く思いました。

　そして、現在。
　はるちゃんとはお互い激辛料理好きという共通点から激辛シスターズと
いうコンビを結成するほど打ち解けることができました。
　私ははるちゃんに聞いてみました。

　　私　ねぇ、正直言ってさ、ぼる塾結成当時はかなり私に気を遣ってく
　　　　れていたよね？

はるちゃん　はい！　今よりは人見知りしてました！　コンビ時代でもあま
　　　　り話したことなかったからドキドキしてました。

　　私　今はもうばっちり？

はるちゃん　うん！　ママ！　2人でいるときはなんだか落ち着いちゃう！

　　私　あら！　嬉しい！　でも私はあなたを産んだ覚えはないので酒
　　　　寄さんってちゃんと呼んでください。

はるちゃん　あーん！　照れ屋さん！

　今日もはるちゃんを背負い投げです。

みんな可愛いー

大好きー！

2021-2022

はるちゃん アルバム

はるちゃんはぼる塾の写真担当大臣です。彼女が作ったアルバムは楽しかった思い出をさらにとっても楽しかった思い出へとパワーアップしてくれる魔法があります！ みなさんも一緒に愉快なぼる塾を振り返ってください！

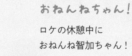
おねんねちゃん！
ロケの休憩中に
おねんね智加ちゃん！

田辺さんVSあんり
年末にみたらしに会いに行ったとき！ 食べ物で誘う田辺さんとぬいぐるみで遊ぶあんり！

なにがあったん？

はるちゃんハウス！
はるちゃんハウスに
酒寄さんがきてくれたの！
引っ越し祝いに激辛
インスタント麺くれたよ！
さすがママ！

くまたんと ♥

居眠り智加ちゃん！
くまたんと並んで
可愛い！

128

いちゃいちゃしてるー!

田辺さんくまさんといちゃいちゃ!
羨ましいぞ!

お団子だ!

お団子あんり、新鮮!
お母さん感すご!

田辺さんにバレた!

(YouTubeぼる塾チャンネルの
コーナー)『田辺の和室』収録中!
撮ってるのバレた!

トラちゃん!

みんなでトラちゃん!
田辺さんなんちゅう顔しとんねん!

ピース!

エレベーターでパシャリ!
酒寄さんお顔が小さいわ!

大晦日

田辺さんと
カウントダウンして
年越しそばしたよ!

楽しそう!

『田辺の和室』収録中!

ミュージカル
『ヘアスプレー』

いい女は
美しすぎる！！！

日傘の田辺さん。

みんなで『ヘアスプレー』を
観に行ったとき！　最高だったね！
楽しくて私も踊り出しそうに
なっちゃった！

常連さん！

孤独のあんりの撮影で
いい顔する常連酒寄さん！
たまらんなぁ。

おでかけ！

みんなでコジコジ万博行ったとき！
みんなでメルヘン！

あんりの女優感！

孤独のあんり撮影中！
女優感あるねぇ！

ぼる塾大はしゃぎ！

撮影で沖縄行った時！
みんなで大はしゃぎしたよ！
4人で行けて嬉しい！
ちょーはっぴー！

ずるい瞳！

可愛すぎない!?
何！　その瞳！
ずるい！

最高の女たち！

マネージャーが撮って
くれた一枚！
うちら最高の女すぎる！
ドラマオファー
こないかしら？

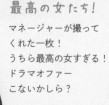

回転寿司！

すげー！
かっこいいよ！
あんり！
いい顔してるわ！

小さいお団子可愛い！
スイーツ女王！

\ 日本酒だー！ /

酒寄さんが誕生日プレゼントに
日本酒くれたの！
美味しかった！　ありがとう！

可愛いね！

韓国料理を食べに
行ったとき！
姉妹みたいね！　可愛い！
紙エプロン似合うね！

ランチタイム！

あんりが欲しそうに
見ている……。

in 京都♪

田辺さんちょっとー！

名古屋でご飯行った時！
ちょっとー！
こっち見てくださいよー！

祇園花月おわりに3人で
京都ぶらり旅。

ハムっ♥

あんりの "ハムっ！"
を見ている
田辺さん。

ステーキ姉妹！　はじめてのステーキロッヂ！

ぼる塾5大都市ツアー初日、福岡公演後！
酒寄さんが見守ってくれていたから
すごく元気もらえたんだ！
ありがとう！
ママー！
ママー！

単独ライブの稽古ですな！

単独ライブの稽古のため
ルームシェアーズの家に集合！
いい写真ですな！

単独ライブ前！

4人で集まるとお話たくさんしちゃうね！

綺麗★★★

酒寄さん
綺麗すぎる!!
ファンクラブ
入りたい！

くううう！

出番前にパックする
あんり！　くううう！
可愛いかよ！

カラオケにて！

稽古のためカラオケへ！
田辺さんの監督感！

くあああ！

出番前にパン食べる
あんり！　くあああ！
ハムってしやがって！

後ろ田辺さん！

楽屋で撮っちゃった！
ごくごく田辺さん！

ボヘミア～ン♪

あんりが歌いながら私の髪を
アイロンしてくれたよ！
ボヘミア～ンって！

4人でルミネに立てた！

5大都市ツアー最終日ルミネ公
演前！　4人でルミネに立て
るなんて最高に楽しかったな！

放課後みたい！

この3人の組み合わせもいいね！
なんか学校の放課後を思い出すよ！
なんやねん、それ！

お口！

きゃー！　お口！
きゃわわすぎる！　なんか
椅子とのレトロ感いいね！

祝！！！　酒寄さん劇場復帰！
ここからスタートなのだ！

あんりとタオル！

あんり、こんなにタオルが
似合うなんて！
仕事はめっちゃ厳しいけど
優しいタイプ！

すべるって、
こんなにダメージを
受けるものなのね……

前回までのあらすじ

女子高生の木村アリアは
トラックに轢かれそうに
なった犬を助けようと
して事故に遭い、

気がついたら
お笑い芸人の
ぼる塾・田辺さんに
なっていた。

アリアがなんとか
初漫才を乗り切ると、

次はなぜかお笑い芸人
なのにカタラーナ作りが
待ち構えていた!?

そしてその頃、ぼる塾の田辺さん
本人は宇宙の王位継承争いに
巻き込まれ──

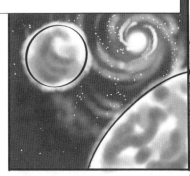

ズジャーン

戦士の一人として
参加することに
なっていた

貴様は
ここまでだ！

くっ！

追い詰めたぞ！

食らいなさいな！

ちりんちりん
ちりん

ちりん

りくろーおじさんの
チーズケーキ！

……ん!?
これはチーズケーキが
焼きあがったのか!!

どこだ!?
チーズケー……

この隙に
逃げるわ！

王位継承争いに参加することで
目覚めた田辺さんの能力
「りくろーおじさんの
チーズケーキ」

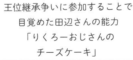

ちりん

ちりんちりん

ちりん

この能力はチーズケーキが
焼きあがった呼び鈴の音が出せる。
焼きたての音がしたら
みんなそっちに気が行くので
一瞬の隙を作ることができる

137

やだ！
KAT-TUNの亀梨君に
そっくりのイケメン！

くそっ！
こうなったら、

俺様の能力
「かなしばり」！

しまった！
動けない！

ふふふ、この能力を使うと
俺様自身も動けなくなって
しまうからな！

だからさっきは
使わなかったんだ！

とっておきのときに
しか使わないんだ！

お前めちゃくちゃ
説明するな

今がチャンスだ！
誰かこいつを
やっつけろ！

あ！

危ないっ！
りくろーおじさんの
チーズケーキ！

ちりん ちりん
ちりん ちりん
ちりん〜

おい

チーズケーキが
焼きあがったぞ！

140

俺の名前は
タートル

え！やだ！
名前まで
亀梨君に似てる！

亀梨くん？

やだ！
こっちの話です！
うけるー！

きゃっ！

お前面白い女だな。

俺と手を
組まないか？

その頃地球では、
田辺さんに転生した
木村アリアが今日も
ぼる塾田辺さんとして
生活していた

中身は…
アリア

まさか……。

人生でオリジナルの
カタラーナを作るなんて
思いもしなかった

オリジナルのカタラーナ
作りの仕事をなんとか
乗り切っていた

今日は舞台の仕事だし
なんとかなりそう！
ぼる塾のネタは
全部暗記したし！

ぶつ
ぶつ

ネタ帳

田辺さん！
おっはよ〜！

145

田辺さん！
どうしたんですか？

すべるってこんな
ダメージを受ける
ものなのね

面白かったですよ！
田辺さんの答え！

あの瞬間、
地球全体がシーンと
してたわ

気にし過ぎですよ！

あんり、ありがとうね

シーンとした後、
あんりがとっさに

「田辺さん自身も
今日スリランカから
タクシーで来てます」って
言ってくれて
笑いになったわ

あれは田辺さんの
答えが面白かったから
笑いになったんですよ！

とっても面白かったです！
最高でした！

あんり……

そうだ！
さっきもらった差し入れの中に
田辺さんの好きなお菓子を
見つけたんですよ！

ちょっと持って
きますね！

田辺さんになって
わかったけど、

テレビで見てるときは
ちょっとヤンキー口調で
怖かったけど

大っ嫌いだから
みんな!!

今日で
学べよ!

ぼる塾のあんりって
とても優しい良い子なんだな

もし私が女子高生に
戻れたら

あんりのファンになろう

ガチャ

田辺さん!
お疲れ様です!

田辺さんの疲れを〜

ほぐして
ほぐして
ぽい

あら、はるちゃん。
ありがとう

正直はるちゃんは
まだ謎の存在なのよね

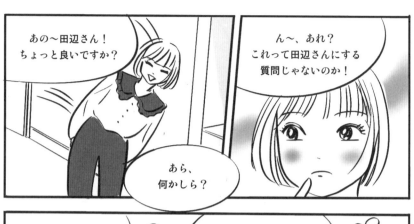

to be continued

前作の酒寄さんのぼる塾日記で話題になった『転生したら田辺さんだった』。私はぜひ続編を作りたいと考えていました。この度、菜々子さんの協力で願いが叶い、楽しみにしていたぼる塾のメンバーに一足先に続きを読んでもらいました。

あんりちゃん 今回も最高でした！

はるちゃん すごく面白かったです！

田辺さん ねぇねぇ！　このりくろーおじさんのチーズケーキって能力、私が考えたのよ！

あんりちゃん これ何で音だけにしたんですか？　焼きたてのケーキも欲しくないですか？

田辺さん 本当だよ！　こうやって漫画になってわかった！　ピンチになってた！　自分で自分の首を絞めてたよ！

私 今回は田辺さんが宇宙で戦ってるシーンとアリアがぼる塾として頑張るシーンの2つの世界が進んでるんだ。

田辺さん 大喜利のスリランカの答えも私が現実世界ですべった答えだよ。アリアもすべってる。悪いことしたね。

あんりちゃん アリア本当に可哀想。突然カタラーナ作らされたり。

はるちゃん 続きが気になります！　この続きって頭の中にはあるんですか？

私 あるよ。ぼる塾生活が売れたら続編もあるかも。

はるちゃん 読みたいです！　売れて〜！

田辺さん 私も私と亀梨君似のイケメンが今後どうなるか気になるわ！

あんりちゃん あ、そのことで1つ気になることがあります！　このイケメンの**名前まで　亀梨くんに似てる**ってどういうことですか？

はるちゃん あ！　それ私も思った！

私 伝わりにくかったかな？　亀梨くんの亀だよ！

あんりちゃん はるちゃん？

田辺さん **あんた達、亀は英語でタートルって言うのよ**

あんりちゃん そうなんですか!?　知りませんでした！

はるちゃん そういうことか！　すごい！　この漫画は面白いだけじゃなくてかしこくなる漫画ですね

私 "転たな"、学習漫画としてもやっていけるかな？

あんりちゃん いや、亀が英語でタートルってわからないの私達だけだと思います。

【(続くことを願って) 終わり】

CHAPTER
4

イケイケ
田辺さん

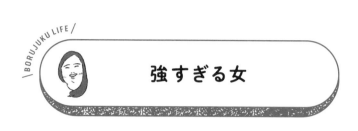

\BORUJUKU LIFE/

強すぎる女

ネタ合わせで集まったときのことです。田辺さんと私はみんなが揃うまで世間話をしていました。

田辺さん そういえば、みたらしちゃん（息子のあだ名です）、英語話せるのすごいね！

　田辺さんに前日送った動画の内容が、息子（当時2歳）がおままごとのたまねぎを持って「オニオン」と言っている動画だったのです（なんだ？　その動画）。

私 みたらし、最近おもちゃの野菜とか果物を切る動画にハマってて、それの真似してるんだよ。海外の動画は野菜の名前をめっちゃ良い発音で言いながら切ってるから。

田辺さん 発音もばっちりだった!!　あんなきれいなオニオン初めて聞いたわ！

私 恥ずかしいって気持ちがないから聞いたとおりに真似してるんだろうね。

田辺さん それ大事だよね。学校とかでちゃんと発音すると笑われるとかあったけどあれ本当に良くないわ!!　みんなが安心してしっかり発音できる世の中になって欲しいね。

私 そうだね。でもさ、その野菜切る動画が好きすぎて、「ぼる塾見せて」ってチャンネル変えて「ほら、トマトより田辺さんだよ〜」って言うと、息子は「たなべさんもういい!!　たなべさんもういい!!」って怒るのよ。

田辺さん　やだ、田辺さんのイメージ悪くなるじゃない！　田辺よりトマ
　　　　　トだよ!!ってなるよ！

あんりちゃん　お待たせしてすみません！　どうしたんですか？

　そんな話をしていると、あんりちゃんがやってきました。

田辺さん　みたらしちゃんの話してたの。

あんりちゃん　あ！　私、みたらしちゃんに北海道のお土産持ってきたんで
　　　　　す！　もちろん酒寄さんにも！

　そう言ってあんりちゃんは私にお土産の袋を渡してくれました。

私　　嬉しい！　ありがとう！

あんりちゃん　これ、テレビで最近見るぼる塾の田辺さんって人がお薦めしてい
　　　　　たので買ったんですけど、美味しいといいな……。私、あの人あ
　　　　　んまり信用していないんですよね。

田辺さん　ちょっと〜！　何でよ〜！

　漫画のように腕を振り回しながら怒る田辺さんはなぜか少し嬉しそうで
した。

田辺さん　美味しいわよ！　みたらしも美味しいって倒れるよ！

　田辺さんはすぐ私の息子を倒そうとしてきます。

私　　倒れると困るんだけど。

田辺さん　それは支えてあげて！

あんりちゃん　みたらしちゃんっていえば、さんま御殿に出ていたときの田辺さ
　　　　　んの顔見て号泣してる写真めちゃくちゃ面白かったですね。

田辺さん　その話はよしましょう。

　それは数日前のことでした。田辺さんが出演している『踊る！さんま
御殿!!』を息子と一緒に見ていて、

私　　　（そうだ、田辺さんに"見たよ〜"って送る用に息子の写真撮っと
　　　　　こう）

私は、どうせなら田辺さんがテレビに映っているときに息子と田辺さんがツーショットになる写真を撮ろうとスマホを準備しました。

　田辺さんは番組内でさんまさんや他のゲストの皆さんに対し、ケーキのフィルムについた生クリームについて真剣に語っていました。

田辺さん　ケーキのフィルムについた生クリームをフォークでしゃっとこそげ取る瞬間が最高！

　田辺さんは語っているうちにどんどんテンションが上がっているようでした。そんな興奮する田辺さんを見て、

息子　うわあーん！

　突然息子が泣き出しました。私が慌ててその姿を写真におさめたところ、ちょうどすご腕の殺し屋のような顔をした田辺さんがジェスチャーでフォークをしゃっとやっている姿と、号泣している息子の奇跡のツーショットが撮れたのです。

あんりちゃん　田辺さんがちょうどフォークでしゃっとやった瞬間、みたらし大泣き！　完璧のタイミングでしたね。

私　あれ、まさに奇跡の一枚だよね。

あんりちゃん　あのときの田辺さんの顔、よく見ると大人の私でもちゃんと怖いんですよ。田辺さんにフォークで食われる！ってびびります。

田辺さん　……はぁ。

あんりちゃん　あれ、ちょっと言い過ぎました？　すみません！　田辺さんが可愛くてつい！

田辺さん　違うのよ……実はさ、あのケーキのフィルムについた生クリームについてはみたらしだけの問題じゃないのよ……。

私　え、全国の子どもたちを泣かせたの？

田辺さん　違うわよ！　あのさ、確かに私はケーキのフィルムについた生クリームが一番美味しいって言ったけど、私だってケーキ本体が一番美味しいよ。それを前提として言ったのよ。

あんりちゃん　わかりますよ。ケーキ本体が１位ですよ。

私　うん。伝わるよ。ケーキ本体は言わなくてもってことよね。

田辺さん　そうなの！　そのつもりで言ってたの！　でも番組を見た人から「ケーキのフィルムについた生クリームが一番美味しいわけはない。絶対にケーキ本体が一番美味しい」ってコメントきてさ、「そんなの知ってるわよー!!　わかってて言ったのよー!!」ってなったわ。私そんなあほに見えたのかしら？　伝わらなかったのが悔しい……。

　田辺さんが膝を叩きながら悔しがっていると、あんりちゃんが急に不安そうな顔をして言いました。

あんりちゃん　……その人が毎週、さんま御殿を見ている人だったら私もヤバいです。

私　どうしたの？

あんりちゃん　私、田辺さんと別の回でさんま御殿の収録に行って来て、ピザで風邪が治ったって話したんです。

田辺さん　あら！　あんたそれはヤバいね！

あんりちゃん　はい、もしその人が見たら「ピザで風邪が治るわけがない。ピザに風邪を治す成分は入っていない」ってコメントきますよね。でも本当にピザで治ったんです！

私　私は信じるよ。

田辺さん　私も信じるわ。ピザには力があるもの。

あんりちゃん　ありがとうございます。私と同じ回で空気階段のもぐらさんが、ネズミにしかかからない病気にかかった話もしているので、私たちの回を見たらその人発狂しそうですね。

田辺さん　でもその人に知って欲しいね。世の中には理屈に合わないことがあるってこと。

あんりちゃん　こんなにもみたらしちゃんを愛している田辺さんを見て、みたら

しちゃんが泣くとか。

田辺さん　本当よっ!!　……はっ!!　そうだわ!!　わかったよ!!　きっとみたらしちゃん、野菜を切る動画が見たかったのよ！

あんりちゃん　何ですかその動画？

田辺さん　最近のみたらしちゃんのお気に入りの動画よっ!!　あれが見たかったのにずっと私が画面に映ってるから、こいつよりオニオン見たいよ！って泣いたのよ！

　私はあんりちゃんに野菜動画の説明をしました。あんりちゃんの甥っ子は私の息子と同い年なので、「ああ、あの感じの動画ですね」とすぐにわかったようでした。

あんりちゃん　うちの甥っ子も好きで見てますよ。

私　やっぱりみんな見てるんだ。再生回数すごいもんね。

あんりちゃん　おもちゃの野菜切ってる動画で3000万回再生とかいってるのありますもんね。

田辺さん　そんなに再生されるの？　すごいね！　子どもってそういうの好きなのね！

　私はそのとき、あることを思いつきました。

私　ねえ、思ったんだけど、田辺さんがおままごとの野菜切ってたら息子も泣かずに見るかもよ。

あんりちゃん　それ良いですね！　田辺さんが「オニオン」って言いながらおもちゃのたまねぎ切る動画撮りましょう！　ちょうどぼる塾もYouTubeチャンネル持ってますし。

田辺さん　……いや、それでもみたらしちゃんは見ないよ。

私　そんなことないよ。

あんりちゃん　そうですよ。

田辺さん　いや、田辺が強すぎる。田辺はね、たいていのことに勝つの。

あんりちゃん　どういうことですか？

田辺さん　昔ね、何人かで入った定食屋でご飯大盛り無料だったんだけど、私はまだ何も言ってないのに、店の人に「あなたは大盛り!!」って言われたことがあったわ。

あんりちゃん　それって田辺が強いんですか？

田辺さん　そうよ。

私　じゃあ、前に田辺さんが5万円のエルメスのスカーフを腰に巻いていたとき、それを聞いた先輩が「それプレステ4より高いじゃん！　プレステ4を肩に乗せたほうが似合うよ！」って言ったのも田辺が強いから？

田辺さん　それは田辺が強いんじゃなくて先輩の頭がおかしいのよ。

　田辺さんは、「最近だとエレベーターが開いて田辺がいるとよく驚かれる。理由はでかいからだと思う」と教えてくれました。

田辺さん　だからね、おままごとの野菜を切るレベルじゃ田辺が勝つよ!!　田辺さんがオニオンに圧勝!!　田辺さんにみたらし大泣き！

　あんりちゃんが「そんな悲しい勝利見たくねーよ」って言ってました。私もそう思いました。

\BORUJUKU LIFE/

GUCCIの指輪を買った女

　以前、田辺さんが何でもない休日にGUCCIの指輪を買おうとしたこと
がありました。
「でも今日10万円使って平気かなって思って迷ってる」
　その１カ月後に田辺さんの誕生日があり、しかも誕生日当日は田辺さ
んのスイーツ本の発売日でもあったので、
「田辺さん、来月まで待ったら？　10万円の買い物は本の出版記念とか
自分への誕生日プレゼントとか何かに引っ掛けたほうがいいよ！」
　と、私はアドバイスしました。
「……はっ！　確かに！　助かったよ!!」
　こうして10万円の買い物を１カ月ずらした私は田辺さんにとても感謝
されました。

田辺さん　今日この後、GUCCIの指輪を買いに行こうと思うの。
　その日はぼる塾で用事があり、４人で集まっていました。
あんりちゃん　おおっ！　ついにですね！
はるちゃん　わー！　わくわくですね！
田辺さん　まぁね〜！
　私　何買うか決めてるの？
田辺さん　一応チェックしたけど、やっぱり店頭で実物見てだね。
　私　確かに高い買い物だし、指に着けた感じでこっちのほうが良いと
　　　かありそうだよね。

160

田辺さん　そうよ！　じっくり見てこれだ！っていうのに決めたいわ！

あんりちゃん　そうだ！　酒寄さんも一緒に行ったらどうですか？　田辺さん、何かしでかすかもしれないし。

田辺さん　しでかすって何よ!!

私　確かに。私もまだ時間に余裕あるからついてっていい？

田辺さん　そうね!!　一人だとちょっと怖いし、ついてきて!!

あんりちゃん　いいな〜。私も行きたいんですけど、この後用事があるんですよ。あ、はるちゃんも一緒に行ったら？

はるちゃん　私は別に何もないけど行かなくていいです!!

あんりちゃん　あんた、言い方!!

　あんりちゃん、はるちゃんと別れて、田辺さんと私はデパートに向かいました。歩きながら今日の予算を聞くと、

田辺さん　やっぱり10万円だね。

私　誕生日と本出版のダブルお祝いだしね！

田辺さん　ええ！　でもさ、私、高い買い物すると絶対痛い目見るのよ。

　田辺さんは不穏なことを言いました。

私　どういうこと？

田辺さん　まだ芸人になる前の話なんだけど、ある高級ブランドにピアスを買いに行ったことがあるの。

私　うんうん。

田辺さん　予約もちゃんとしてさ、引換券もこっちは持ってるのよ。

私　うんうん。

田辺さん　それなのに一生待たされたの。

私　え？

田辺さん　他のお客さんには対応してるのに、私にだけ全く声をかけてこないのよっ!!　こっちは引換券持ってるのにっ!!　何なら店員同士でおしゃべりしてたよっ!!

161

田辺さんは"思い出し怒り"をして、上りエスカレーターに合わせて怒りのボルテージも上がっているようでした。

田辺さん　私はね！　一生待たされたよ！　高級ブランドだから接客が良いとか関係ないよっ!!　接客は個人の実力っ!!　だって私は一生待たされたんだからねっ!!

　田辺さんは「一生待たされた」という単語が気に入ったのか繰り返し使ってきました。

私　じゃあ、ピアスは買えなかったの？

田辺さん　いや、買ったよ。

私　じゃあ一生は待たされてないよね。

田辺さん　いや、今も私はあの店で一生待たされてるよ。

　だとしたら、目の前で私と会話しているこの人は誰なのだろうと思いました。

私　今日も一生待たされたらどうする？

田辺さん　いやよ!!

　そんな話をしているとGUCCIのお店に着きました。

私　GUCCIの中に入るの初めてだよ。

田辺さん　私もよ。

　私たちが恐る恐る近づくと、店員さんが「今日は何をお探しですか？」と優しく話しかけてくれました。

田辺さん　あの、指輪を探しに……。

店員さん　指輪ですね！　こちらにどうぞ！

　一生待たされることはなく、すぐに私たちは指輪のコーナーに案内してもらえました。ショーケースに入ったアクセサリーが輝いています。

店員さん　気になったものは何でも言ってくださいね。お出しするので。

田辺さん　わー！　これも可愛いし、あ、こっちも可愛い！　あら、これ

　　　　も素敵！

　店員さんは田辺さんが気に入った指輪をケースから出してくれました。

田辺さん　あの、指輪は着ける指によって意味があるって聞いたんですけど、皆さんどの指に着けるのが人気ですか？

店員さん　そうですね。左手薬指は結婚指輪のイメージが強いのでそこは外していますね。他は特に気にしないでいいと思いますよ。

田辺さん　私、中指が太いんです!!　ほらっ!!

店員さん　いえ、そんなことないですよ。

田辺さん　ほらっ！　ほらっ!!　よく見てくださいっ!!

店員さん　大丈夫ですよ、そんなことないですよ。

田辺さん　あら、そうですか？　うふふ。そうだ、左手ではなく右手の薬指なら問題ないですかね。

店員さん　はい、問題ないと思いますよ。

　私は、2人の会話を聞きながら姿見に映る自分を見て、"初GUCCIなのに何で海賊みたいな服装で来ちゃったんだろう"と後悔していました。

　店員さんにいろいろ質問して安心したのか、やっと田辺さんは指輪の試着を始めました。ここから長くなるだろうなと覚悟していると、

田辺さん　あら！　可愛い！　これにします！

私　えっ、早っ。

　たった数分で田辺さんは指輪を決めました。

「見て！　酒寄さん！　これ可愛くない？」

　確かにその指輪は可愛く、田辺さんにもとても似合っていました。値段もちらっと見ると当初の予算の半額以下というお値打ちものでした。良い買い物したなと思っていると、田辺さんは

「あら、これって……」

　と、指輪が入っていたショーケースの中を指差しました。

店員さん　あ、こちらはお客様が着けている指輪とお揃いのピアスです。

田辺さん　これも買います。

店員さん　え、あ、ありがとうございます！　お包みしますね！

田辺さん　すみません、ATMってどこですか？

　お手洗いのようにATMの場所を聞くと、私たちは店舗から出て店員さんが教えてくれた一番近いATMを目指しました。

私　お金持ってなかったんだ。

田辺さん　ええ、大金持ち歩くの怖いから、ぎりぎりで下ろそうと思ってて。うっかり忘れてたわ。

私　さりげなくピアスも買ってたね。

田辺さん　店員さんがあれだけ薦めてくれたら断れないわよ。

　私の記憶では、店員さんは「あ、こちらは今、お客様が着けている指輪とお揃いのピアスです」と一言説明しただけでした。

私　まあ、素敵な指輪が予算よりかなりリーズナブルに買えそうだしね。

田辺さん　しかも私、ネットでGUCCIの指輪を見てたとき、最初にいいなって思った指輪が28万円だったから、予算は10万円って言ってたけど、今、頭の中では28万円より安く買えてるってなってるの。これ危険思想よね。

　本当にそれは危険思想だと思いました。田辺さんが無事にお金を下ろして店舗に戻ると、先ほど接客してくれた店員さんが、「今、ご用意するのでこちらに座ってお待ちください」と椅子を勧めてくれました。

　私たちは並んで座りました。

田辺さん　まさか私たちがGUCCIで並んで座る日が来るとわね。

私　ね、すごいね。今までGUCCIって外から見る場所だったもんね。

田辺さん　ね、嬉しいね。まさかGUCCIに２人で侵入できるとはね。

　私は"田辺さん、言い方！"って思いました。

私　しかもGUCCIの指輪買うって！　大人の女性だよ!!

田辺さん　本当よ！　特別な指輪よ！　私、今日を一生忘れない！　大切
　　　　にするわ！

　その後、無事にお会計をし、店員さんがお釣りを用意しに再びその場を
離れました。
　田辺さんが「ピアスのほうが指輪より値段高かったんだけど！」と、
ぽつりと言っていました。

マウントってなんだろう？

　それは、私が田辺さんに何気なく「最近、楽しいことあった？」と聞いたことから始まりました。

田辺さん 飛行機の待ち時間がすごく短かったんだけど、その間に私がとんこつラーメン食べて、あんりとはるちゃんを驚かせたよ！

　ぼる塾が仕事で福岡に行った際、その帰りの飛行機の短い待ち時間にラーメンを食べて、あんりちゃんとはるちゃんを驚かせたことがとても楽しかったようでした。

田辺さん あんりとはるちゃんだけじゃなくてＣさんも驚いてたよ！

※ＣさんはＫＢＣ九州朝日放送のぼる塾の冠番組『ぼる部屋』のスタッフさんです。

田辺さん 30分くらいしかないのに私ラーメン行ったからね！

私 田辺さん攻めるね。

田辺さん もしかしたら40分くらいあったかもしれないけど……。

私 いや40分もすごいよ。

田辺さん まぁね〜。みんなとんでもなく驚いてたよ！　ひえ〜って！

　その後、田辺さんからそのとき食べたとんこつラーメンの写真が送られてきました。私は写真を見て、「紅ショウガの赤色がキレイだね」とコメントすると田辺さんから「さすがは酒寄さん！　いい目線もってるね！」と、実力以上の評価をもらいその日は終わりました。

　次の日、私はあんりちゃんと作家のＭくんとネタ作りをするために神保町に集まりました。ネタ作りに入る前の軽い雑談として、私は昨日田辺

166

さんから聞いたことを2人に話しました。

　私　そういえば、田辺さんが飛行機の短い待ち時間にとんこつラーメ
　　　ン食べて、あんりとはるちゃんとCさんをとんでもなく驚かせ
　　　たって言ってたよ。

あんりちゃん　え？　田辺さんには申し訳ないんですが私たちそこまで驚いて
　　　ませんよ。

　私　そうなの？

あんりちゃん　はい。田辺さんが「私ラーメン行っちゃうよ？　どう？」って
　　　やってきたので「すごいですね～」くらいは言ったかもしれない
　　　ですけど。

　私　田辺さんに最近楽しかったことを聞いたら一番にそのエピソード
　　　くれたよ。

あんりちゃん　福岡でもっといろいろあったのに……私たちにラーメンの早食い
　　　でマウント取ったことが田辺さんの一番の思い出なんて。

※「マウント」とは、自分が相手よりも上だと示す言動を取ること。「マ
ウントを取る」や「マウンティング」とも言います。

　私　確かに良い思い出、もっとありそう。

あんりちゃん　絶対あります！　例えば……食べ物ロケがあったんですけどお
　　　店の都合で時間が1時間後ろにずれて、田辺さんが空腹に絶望
　　　したこととか、そのロケの集合がホテルのロビーだったんですけ
　　　ど、田辺さんが誰よりも早くついてかなり早い時間から集合場所
　　　に1人で待っていたこととか、仕事の合間に田辺さんがいつもの
　　　ように寝転がっていてその上にはるちゃんが乗っかって、田辺さ
　　　んが「降りてよ！　降りてくれたら今より好きになるから！」っ
　　　て言ってたこととか……あんま田辺さんのラーメンの話と大差な
　　　いな。

　私　いや、ハートフルだよ。ありがとう。

あんりちゃん 何よりです。そもそもラーメンの早食いで私たちを驚かせて喜び
を感じるって、田辺さんのマウントポイントって謎ですよね。

それを聞いていた作家のMくんが言いました。

Mくん 前に田辺さんに「私ラーメン３口で食える」って自慢されまし
た……。

あんりちゃん もうそれに関してはマウントというかバケモノだよ。

そんな話をしていると、話題の中心にいた田辺さん本人がやってきまし
た。ネタ作りの応援に駆け付けてくれたのです。

田辺さん 私で力になれたら。

と、ネタ作りの助っ人として頼もしいことを言ってくれました。しかし、
田辺さんが「今日のご飯は野菜炒めを食べてきたわ」と言ったことに対し、
あんりちゃんが「ヘルシーですね」と言うと、

田辺さん 何よっ!!　野菜炒め５人前くらいあったわよ!!

と、田辺さんはなぜか怒り出し、あんりちゃんが「田辺さん！　ヘル
シーは褒め言葉です！　ヘルシーは良い意味です!!」と、神の怒りを鎮め
る巫女のように田辺さんをなだめたりして、その日のネタ作りはそこまで
進まず終わりました。

私 （田辺さん、野菜炒めで何であんなに怒っていたんだろう？　そ
れに田辺さんのマウントポイントって本当に謎だよな……)

私はみんなと別れて帰りの電車に乗っているとき、再び田辺さんのマウ
ントについて考えました。

私 （あれ？　前にも「何でそんなことでマウント取ろうとする
の？」って田辺さん本人に聞いたことあったような気がする……。
あ！　思い出した！）

それは数年前のある日のことです。私がぼーっとしていると、田辺さん
から連絡が来ました。

田辺さん 事件よ！　仕事で行った鹿児島が本当に素敵で、あんりが「ま

た来たい！　どこでもドア欲しい！」って言ったら、はるちゃ
んが「タケコプターは？」って言い出して、あんりが「タケコプ
ターで鹿児島まで来るの大変だよ！　あんただけタケコプター
で鹿児島来な！」って怒ったの！

　田辺さんは「はるちゃんったらあんりに怒られてるの！　うける！」
とちょっと嬉しそうでした。

　それからしばらくして、再び田辺さんから連絡が来ました。

田辺さん　聞いて！　私が「ドラえもんってうさぎやのどら焼きとか食べ
たことあるのかしら」って言ったら、あんりに「ドラえもんにマ
ウント取ろうとするな！」って私もすごく怒られたわ！

　私はそれを聞いて、さっきの連絡から1時間くらいは経っているのに、
田辺さんたちはずっとドラえもんの話を続けていたのか！　と驚きました。
でも、さすがの田辺さんでもドラえもんにはマウントを取らないと思い、

私　さすがの田辺さんもドラえもんにはマウント取らないよね。あん
りちゃんは考えすぎだよ。

　と言うと、

田辺さん　いや、私ドラえもんにマウント取ったよ。

　と、まさかのあんりちゃんの怒りは正しかったようでした。

私　ドラえもんにマウント取ろうとするんじゃないよ。

　ドラえもんにマウントを取ろうとするだけでも少し不思議なのに、マウ
ントを取ろうとしたものが「どら焼き」です。

田辺さん　だって相手の得意分野で勝てたら嬉しいじゃない。

私　ドラえもんの得意分野ってどら焼きなの!?

田辺さん　え、違うの!?　他に何があるの？

私　ドラえもんの得意分野って人助けじゃないの？

田辺さん　人助け？　あれは趣味よ！

　田辺さんの中では毎回、ドラえもんは趣味でのび太くんを助けているよ

うでした。

田辺さん　ドラえもんの人助けは趣味っていうか、もはや日常だよね！

私　毎回、趣味で助けてるの？

田辺さん　得意分野で毎回あんなになる？

私　確かに。

田辺さん　それに、ドラえもんが特技の欄に「人助け」って書いてたら私は
嫌よ。

私　はっ！　……田辺さんが言ってることはめちゃくちゃだけど、ド
ラえもんが「得意分野は人助けです！」って言うより「人助け？
趣味というか、もはや日常ですね」って言うほうが何か格好良い
ね！

田辺さん　でしょ！　だからドラえもんの得意分野はどら焼きよ！

私　でもどら焼きが得意分野って言うのも変じゃない？　だって、ド
ラえもんはただ食べてるだけだよ。だからどら焼きは好きな食べ
物になるんじゃない？

田辺さん　いや、どら焼きは得意分野だよ！　私と一緒よ！　だって私は
ただ食べていただけで気付いたらスイーツ女王になってたわ！

私　確かに！　田辺さんはスイーツを得意分野にしてる！

　田辺さんはただひたすら食べ続けていたら、いつの間にかスイーツ女王
と言われるようになっていたそうです（本人も自分がいつ女王に就任した
のか始まりがわからないと言っていました）。

田辺さん　そうよ！　一緒よ！　私も（着ている衣装が）青いし！　私と
ドラえもんは同じなのよ！

私　それなら田辺さんも毎年映画化されたいね。

田辺さん　いや、映画は私無理よ！　何も事件起きないよ！　……待って、
朝マックで一番ゴージャスなやつ頼んだとき、やっと食べれら
るー、嬉しいーって言ってたらフォークなかった。

　私　　それで映画化は難しいね。

田辺さん　くそっ！

　その後、私と田辺さんでドラえもんと田辺さんを置き換えて、「田辺さんと鉄人兵団」の違和感のなさに驚いたりしました。

〜回想終了〜

　私は電車に揺られながら大切なことを思い出しました。

　私　　（後日、なんとなくドラえもんの公式プロフィールを調べたら好きな食べ物「どら焼き」になってたな）

恋の力で韓国語

　田辺さんは普段ぐうたらしているイメージが強いですが、好きなことには誰よりも一所懸命に取り組むところがあります。今回はそんな田辺さんの一面を紹介したいと思います。

　まだ私たちがコンビだった「猫塾」の頃の話です。

　ある日、私たちはファミレスでネタ作りをしていました。しかし、その日も全く何も思い浮かびませんでした。私は何かのきっかけになればと、

私　そういえば田辺さん、韓国語話せるのすごいよね。

と、田辺さんに言いました。田辺さんは実は韓国語が話せます。本人は「少しよ！　ちょっとだけ！」と謙遜しますが、私からしてみればかなり話せます。以前、日本に旅行に来た韓国人の家族に韓国語で話しかけられたとき、田辺さんが韓国語を駆使して新宿を道案内している姿を私は見ました。

田辺さん　ちょっとしか話せないけどね。

私　いや、前に新宿で韓国人の家族相手にめちゃくちゃ話せてたじゃん！　なんか笑い取ってたし！

田辺さん　ああ！　韓国語で「イケメン発見」って言っただけよ。

私　独学で勉強したの？

田辺さん　前に、私がサムギョプサルで20kg太った話したでしょ。

私　うん、聞いた。

　以前、田辺さんが新大久保のサムギョプサル屋の韓国人イケメン店員に一目惚れし、彼に肉を焼いてもらうために毎日店に通って20kg太ってし

まった話を聞いたことがありました。

田辺さん　私が韓国語を話せるようになったのは、その店員の彼が関係してるのよ。

私　え、それってつまり……！

田辺さん　そう、恋の力ね。あれは……。

田辺さんはそう言って話し始めました。

田辺さん　ある日、私は気付いたの。彼に一目惚れしたのは良いけど、結局私たちって、彼は私の肉を焼いて、私は彼に肉を焼いてもらうだけの関係だって。

私　まあサムギョプサル屋の店員とお客さんの関係だもんね。

田辺さん　でもさ、なかなかそれ以上の関係になるのって難しいじゃない。

私　確かに。私だったらトイレの場所を聞くくらいしか変化つけられないよ。

田辺さん　向こうが肉焼いてるときに余計なこと言って邪魔するのも悪いじゃない？　ミスしたら失敗した肉を食べるのは私だし。

私　それはハイリスクだね。

田辺さん　ああ……彼、肉焼くの上手かったな……。

田辺さんは遠い目をして彼を思い出しているようでしたが、もしかしたら肉を思い出していたのかもしれません。田辺さんは彼が焼いた肉を食べながら、どうやったら彼と仲良くなれるかを真剣に考えたそうです。

田辺さん　私、そこで考えたの！　彼の国の言葉で彼と話せるようになったら素敵だなって！

私　うん！　それは素敵だね。

私がもし海外の人に「あなたと話したいから日本語を覚えたよ」と、話しかけてもらえたらとても嬉しいです。

田辺さん　でしょ！　この子は僕の国の言葉を話してくれるんだってなったら、なんか一歩リードできる感じでしょ！

私　　一歩リードって他にライバルがいたの？

田辺さん　マジ人気だったよ！　３人が３人とも人気だった！

　いきなり３人という言葉が出てきたので、田辺さんの好きな人は分裂でもするのかと思ったら、「人気の店員が３人いて、そのうちの１人が好きだった」ということがわかりました。

田辺さん　私、韓国語を覚えるまでは彼とはこの距離感を保とうって決めたの。そのほうが早く韓国語を覚えようって気になると思って。

　田辺さんは思い立ってからすぐに韓国語のテキストを買って、韓国語の教室に通い出したそうです。

田辺さん　だけどね、始めたらすぐにとんでもない壁にぶち当たったのよ。

私　　発音とか？

田辺さん　まず私は日本語が理解できないの。

　それは確かにとんでもない壁だと思いました。

田辺さん　韓国人の先生が最初に、「この単語を使った日本語の文章を作って、それを韓国語にしてみましょう」って言うんだけどさ、その日本語の文章が作れないのよ。

私　　それでどうしたの？

田辺さん　だから仕方ないから韓国人の先生に「私は日本語がわかりません」って言ったわ。

私　　先生なんか言ってた？

田辺さん　「困りましたね」って。

　そりゃ困るよなと思いました。

田辺さん　でもさすが先生だよね。先生がまず日本語の文章を作ってくれて、私はそれを韓国語に直すっていうスタイルを作ってくれたの。

　私は田辺さんが何語を学んでいるのかよくわからなくなってきました。

田辺さん　（映画字幕）翻訳家の戸田奈津子さんも言ってたよ。英語を喋りたいならまず日本語をって。

私	でもさ、今ちゃんと話せてるってことは韓国語をマスターしたってことよね？
田辺さん	あのね、わからない文法は無理に覚えなくても、話そうと思えば会話ってできるのよ。
私	じゃあ彼とついに韓国語で話したの!?
田辺さん	それがさ！

　田辺さん自身の努力と優しい韓国語の先生のおかげで田辺さんの中で「このレベルなら彼と会話しても良いだろう」というレベルに達した日、ついに肉を焼いている彼に韓国語で話しかけたそうです。

田辺さん	確か「私の韓国語どう？」みたいなことを韓国語で聞いたのよ。すると彼は流暢な日本語で言ったの、「僕、国に帰りましゅ」って。そしてその後すぐに韓国に帰って行ったわ。
田辺さん	私は韓国語で話しかけたのに、彼はなぜか日本語で返してきた上に国に帰ったの。
私	そんな……。
田辺さん	韓国語覚えるまで話さない！って決めたことで自分の首を絞めたよね。
私	そんなことってあるんだね。
田辺さん	それでもその後も、私、韓国語の勉強続けたのよ。偉くない？
私	偉い偉い。
田辺さん	だって私に残されたのは韓国語と、毎日サムギョプサル食べて太った20キロの贅肉だけだもの。
私	だけって言うには残されたものが重すぎるね。
田辺さん	好きな人ができたら何語でもいいから話しといたほうが良いよ。私からのアドバイス。

　ネタ作りが全然進まなかったので、田辺さんはボールペンの代わりにずっとフライドポテトを持っていました。

袖を捨てた女

　４人でカラオケボックスに集まりネタ合わせをしたときのことです。

　田辺さんがアウターにベストを着て来ました。

田辺さん 酒寄さん、この服どうかしら？

私 ベスト？　似合ってるよ。可愛いね。

「これ買ったばかりなの」と言って、嬉しそうに続けました。

田辺さん 昔さ、酒寄さんが服屋さんでこういう袖のないベストを見て、こういう服って誰が着るんだろうね？　暑いのか寒いのかわかんないじゃんって言ったの覚えてる？

私 え、私そんな失礼なこと言ったっけ？

田辺さん 言ってたよ。私は忘れないよ。私も一緒にベストの悪口言ってたから。

　どうやら過去の私は田辺さんと一緒にいろんな服屋でベストの悪口を言っていたそうです。

私 いや、過去の私ひねくれてたね。今はおしゃれだと思うし、ちょっと寒いときとか良さそうだね。あと、もっと寒くなったらコートの下とかに重ね着も……。

田辺さん 誰がベストなんて着るのか。その答えが出たわ。ベストはね。私が着るためにあったのよ。

　田辺さんは私の謎の言い訳に対して聞いているのかいないのか、こう言い放ちました。

私 どういうこと？

　田辺さんは全く話が見えていない私に一から説明してくれました。田辺さんは「冬は2月だけ。あとは秋」というほど暑がりで健康的ですが、やはり2月以外でもちょっとだけ寒さを感じるときはあるそうです。

田辺さん　だけどさ、1枚羽織ると暑いのよ。わかる？

　田辺さんは普通の服だけだと寒い。でもさらに1枚アウターを着ると暑過ぎるというジレンマに陥っていたそうです。

田辺さん　そんなときにこれよ！

私　ベスト？

田辺さん　そう！　ベスト着たらちょうどいいのよ！　最高！

私　それは良かったね。

田辺さん　私に袖はいらなかったのよ！

　私が田辺さんとベストの出会いに拍手を送っていると、それを聞いていたあんりちゃんが言いました。

あんりちゃん　酒寄さん、田辺さんが39歳になって初めてしたこと知ってますか？

　田辺さんはついこの間、39歳になったばかりでした。

私　え、なんだろう？

あんりちゃん　田辺さん、袖を捨てたんです。

　田辺さんはこれから一生アウターの袖を捨ててベストで生きていくと、あんりちゃんとはるちゃんに宣言したそうです。

私　一生!?　それは思い切ったことしたね。

田辺さん　ええ、私は袖を捨てたの。快適よ。酒寄さんも袖捨てたら？

私　いや、これからどんどん寒くなるし、私は袖は捨てられないな。

あんりちゃん　私もさすがに袖を捨てる勇気はありません。

田辺さん　袖は捨てたほうが良いよ。腕回しやすいし。

あんりちゃん　私たちそんなに腕回さないんで大丈夫です。

田辺さん　袖ないほうが良いよ！　袖なくても暖かいよ！

私 でも、私は寒がりだからもう今の時点（11月上旬）でアウターの
袖は欲しいな。

田辺さん 何なら袖ないほうが袖あるより暖かいよ!!

あんりちゃん いや、それはただの嘘じゃないですか。

　田辺さんは私たちにも袖を捨てさせるためにとうとう嘘を言い始めたの
です。

田辺さん 嘘じゃないよ!　袖ないほうが暖かいよ!

私 いや、袖はあったほうが暖かいよ!

あんりちゃん どう考えても袖はあったほうが暖かいですよ。

田辺さん じゃあ、ちょっとこの私のベスト着てみてよ!

　そう言って、田辺さんは自分の着ていたベストを私に着せてきました。
私は今までちゃんとベストを着たことがなかったのですが、確かにベスト
は思っていたよりもずっと防寒に優れていて暖かかったです。

私 あ、思ったより暖かい!

田辺さん でしょ?　袖があるより暖かいでしょ?

私 いや、普通に袖がある私のアウターのほうが暖かい。

田辺さん 何でよっ!!　どうしてっ!?

あんりちゃん それは袖があるからじゃないですか?

私 ベストは袖がなくても暖かいのはわかった。でも、袖があるより
暖かいってことは頷けないよ。

あんりちゃん そのベスト、酒寄さん似合いますね。田辺さんあげたら?

田辺さん え?　嫌よ!　あ、でもあげたら酒寄さんも袖捨てる?

私 リターンに対してハイリスク過ぎない?

はるちゃん はいはいはい!!　みなさん!　注目です!!!

　私たちがアウターの袖について熱い議論を交わしていると、それまで静
かに聞いていたはるちゃんが言いました。

はるちゃん 田辺さんの熱気で喉乾きませんか?　私飲み物頼みますよ!

　私たちはカラオケにフリータイムで入っていたので、ソフトドリンクを飲み放題にしていました。はるちゃんはずっと私たちの飲み物の残量が少なくなっていることが気になっていたそうです。

あんりちゃん　ありがとう。じゃあ、私はホットミルクティー。

田辺さん　そーりー。じゃあ、私はアイスティー。

私　ありがとう。じゃあ私はアイスコーヒーで。

はるちゃん　じゃあ私はブラックティーソーダにしよう！　電話するね！

　はるちゃんはそう言って、フロントに電話をかけてくれました。

はるちゃん　あ、もしもし。すみません。飲み物注文したいんですけど、ブラックティーソーダをひとつ！　……あんり何だっけ？

あんりちゃん　ホットミルクティー。

はるちゃん　そうだそうだ！　ホットミルクティー！　……田辺さん何だっけ？

田辺さん　アイスティー。

はるちゃん　そうだそうだ！　アイスティー！　……酒寄さん何だっけ？

私　アイスコーヒー。

はるちゃん　そうだそうだ！　アイスコーヒー！　以上でお願いします！

　電話を切った後、はるちゃんは落ち込んで言いました。

はるちゃん　私全部忘れちゃって、どうしようもないね。

あんりちゃん　そんなことないよ！　はるちゃん、自分が飲みたいやつは覚えてたじゃん！

はるちゃん　確かに！　私自分が飲みたいやつは覚えてた！　天才だね！

　私があんりちゃんとはるちゃんのやりとりに心温まっていると田辺さんが言いました。

田辺さん　私いつか『アメトーーーク！』に「袖ない芸人」で出たいわ。

あんりちゃん　まだ袖の話続けるんですか？

田辺さん　絶対いけると思う。「僕たち、私たち、袖ない芸人です！」って。

あんりちゃん　誰が出るんですか。

田辺さん　私でしょ、あ、ほら、スギちゃんさんにサンシャイン池崎さん。

私　アキラ100％さんは袖ないに入るかな？

田辺さん　私は入ると思うわ。

あんりちゃん　あ、それならとにかく明るい安村さんも！

田辺さん　良いわね！

あんりちゃん　良いですよね！　……って、盛り上がっちゃったけど他の人たち別に「袖ない芸人」出たくないですよ！

はるちゃん　袖ない芸人って何を話すんですか？

田辺さん　そうね……あ！　まずは、こちら！　じゃじゃん！　袖があるより暖かい!!

あんりちゃん　いや、それただの嘘じゃないですか。

田辺さん　本当のことだよ！　私は紹介するよ。

私　いや、袖あるほうが普通に暖かいよ。

はるちゃん　うん、だって袖あるんだもん。

田辺さん　悔しいね。3対1で私をいじめてさ！

私　いじめじゃなくて田辺さんがずっと嘘言っているだけだよ。

田辺さん　どうにか論破してやりたい。袖なしのほうが暖かいって！

はるちゃん　無理じゃないですか？

田辺さん　そうだ！　この前、ZARA行ったら全部アウターの袖なかったよ！

あんりちゃん　えー本当ですか？

田辺さん　本当！　全部袖なかった！　ベストだった！　ZARAも袖捨てたんだよ!!　袖ないほうが暖かいから！

私　田辺さん、いつ行ったの？

田辺さん　先月だから10月かしら？

私　それ時期的なものだよ。これからZARAも袖ありに変わるよ。

田辺さん　くそっ！　袖なしのほうが暖かいのにっ!!

はるちゃん　もう諦めたらどうですか？

田辺さん　そうだっ!!　ねえ、私の味方にひろゆきさんを呼んでよっ!!

　それを聞いたあんりちゃんが、「たぶん、ひろゆきさんも袖ありだと思いますよ」って言ってました。私もそう思いました。

ぶっちぎりで1位の男

　書籍『酒寄さんのぼる塾日記』の中でどの話より人気があり、「ぜひま
た新作を読みたい！」と、ぶっちぎりでリクエストをもらった話があり
ました。

田辺さん　え、うちのじいさんの話が一番人気なの!?

私　うん。圧倒的に読者の反響とリクエストが多かったって。ぜひ書
　　　き下ろしでじいさんの話を！って提案されたんだけど、新作を
　　　書いても問題ないかな？

田辺さん　すごいね！　ちょっと最近のじいさんに何かあったか母親に聞
　　　いてみるわ！

　田辺さんは嫌がるかと思ったらノリノリで協力してくれました。

田辺さん　最近のじいさんも何かあったわ！

　田辺さんはお母さんから情報を仕入れてすぐに連絡をくれました。

田辺さん　この前、じいさんの好きな人から昼間に電話がきていたのに、じ
　　　いさん気付かなかったらしくて。

私　うんうん。

田辺さん　それを夜中の2時に気付いたらしくて、うちの母親起こして、
　　　「今から会いに行ってくる！」って、大騒ぎしたらしいの。じい
　　　さんが好きな人には別の彼氏がいるのよ！　だからうちの母親
　　　が迷惑だからやめろって怒ったんだって。

　私は菅田将暉が主演のドラマの話でも聞いている気分になりました。

私　おじいさん何歳だっけ？

田辺さん　じいさん90歳。

　ここで田辺さんのおじいさんを初めて知った方に少し説明させてください。おじいさんファンの方は「ああ！　そんなこともあったね！」と思ってくださいね。

　田辺さんのおじいさんは片思い中の本命のおばあさんとは別に5人彼女がいるモテ男です。前著『酒寄さんのぼる塾日記』では私と田辺さんがおじいさんのデート現場に偶然2回遭遇する話（それぞれ相手は別のおばあさん）が収録されています。

　他にもおじいさんは『のど自慢』に出演したり、おじいさんがなんとなく植えた柿の種が奇跡的に芽を出し、成長した柿の木がこのままでは家を破壊するということで撤去するのに大金がかかることが判明した、「じいさんとキレた家族合戦」など、様々なエピソードを持っています。

　少しはおじいさんのことが伝わったでしょうか？　話を戻します。

私　そのおばあさんも彼氏いるのに何で電話するのかしら？　おじいさんの気持ちに気付いてるの？

田辺さん　私は気付いてると思う。

　田辺さんはそのおばあさんを見たことがあるらしく、「にこにこしていて、眼鏡をかけていて少し賢そうだった。モテそうなばあさんだったよ」と、おばあさんはやり手であると推理していました。

私　おじいさんの本命って私が前から聞いている人とずっと同じ？

田辺さん　そうだよ！

私　かなり長いよね！　ずっと片思いしてない？

田辺さん　まぁね〜！

私　でもさ、おじいさんの５人の彼女は自分が本命になりたくなったりしないのかな？

田辺さん　どうなんだろう？　でもみんな恋なんて遊びなのかもね。

私　どこのお年寄りもそうなの？　それとも田辺さんのおじいさんの周りだけゴシップガールなの？

田辺さん　うちのじいさんの周りがゴシップガールなのかもしれない。

私　私、ゴシップガールって言いながら実は本家の『ゴシップガール』観たことないんだけど、そんな話？

田辺さん　セレブ高校生の話だよ！　恋やドラッグとかの話！

私　じゃあドラッグ以外はだいたい同じだね！

田辺さん　そうね！　ドラッグ以外はだいたいじいさんと同じよ！

私は自分で言っておいてなんですが"本当かよ"と思いました。

田辺さん　ばあさんが生きていた頃にこんなじいさんの姿を知らなくて良かったよ。

田辺さんのおばあさんが生きていた頃はおじいさんも妻一筋だったそうです。

田辺さん　でもさ、そういうのってわかるんだろうね。酒寄さんにばあさんの『おもいッきりテレビ』の話はしたわよね？

私　うん。

田辺さんのおばあさんは生前、おじいさんの浮気を心配してみのもんたの『おもいッきりテレビ』に相談したことがありました。

私　田辺さんのおばあさんだっけ？　元ジャニーズのタッキーのファンで「ターキー」ってずっと呼んでたの。

田辺さん　そう！　ターキー！

私はこの田辺さんのおばあさんがイケメンを七面鳥にしてしまうエピソードが大好きです。

田辺さん　ばあさんがタッキーとアナウンサーの福澤さんが好きで母親が

田村正和と認めないけど郷ひろみが好きって、そりゃ私もイケメン好きだわ。血筋だよ。

私　郷ひろみを認めないって？

田辺さん　うちの母親、郷ひろみが映るといつもテレビ見てるから好きなの？って聞いたら好きじゃない！っていうの。

私　うんうん。

田辺さん　だけど、毎回見てるの！　好きじゃないならチャンネル変えるよっていうと駄目！って言うのよ。何で？

私　いや、私に聞かれても。田村正和は認めているのよね？

田辺さん　田村正和は認めてる！

私　何で田村正和は認めて郷ひろみは認めないのか気になるね。

田辺さん　何回も聞いてるけど解決しないの。アチチの曲のときからずっと。

　結局、郷ひろみについての答えは出ませんでしたが、田辺さんが「私と郷ひろみは同じ誕生日よ」という意外な2人の共通点を教えてくれました。

私　私おじいさんだけじゃなくて田辺さんのお母さんの話もずっとしていられる。

田辺さん　そうかしら？　ありがとう。

私　でも、1回おじいさんに話を戻すね。おじいさんはどこで出会うのかしら？　そんな大量の彼女と。

田辺さん　じいさんはナンパだね。家の2階のベランダから歩いてるばあさんに声かけたりとかもするから。

　そこから田辺さんのおじいさんの最近のナンパ事情に話は流れていきました。

田辺さん　昔は誘い文句はカラオケだったみたいだけど、コロナになってからはランチだって！　行きつけの寿司屋があるらしくて。

私　じいさんのナンパにもコロナの影響が出てるんだね。

田辺さん　まぁね〜。あと、楽器もナンパに使ってる。

185

私　楽器？

田辺さん　アコーディオンとハーモニカ。

　　私　おじいさんアコーディオン弾けるの!?

　私は４万円のアコーディオンを買って一度も使わなかった過去があるのでそれだけで田辺さんのおじいさんの男度が上がりました。

　　私　どんな曲弾くのかしら？

田辺さん　てきとー。全部アドリブ。アドリブしかできない。

　　私　逆に天才なんじゃない？

田辺さん　天才でも何でもないよ！　それなのにじいさんは自分のことを
　　　　　才能ある人間だと思っているから困るのよ。

　おじいさんは田辺さんがテレビに出始めた頃は喜んでくれたそうですが、最近は田辺さんをライバル視しているらしく、「家族に２人もスターはいらない」と大騒ぎだそうです。

田辺さん　困っちゃうよ。前に実家に帰ったときも大変だったよ。

　　私　大変って？

田辺さん　母親が、「じいさんとあんたが顔合わせると『芸能界の収入はい
　　　　　くらだ？』とか言って来て面倒になるから顔を合わせないよう
　　　　　にして！」って頼まれてさ。

　　私　それは大変だね。

田辺さん　そうよ！　だからじいさんが１階にいるときは私が２階に上がっ
　　　　　て、じいさんが２階にいるときは私が１階に下がって、って、
　　　　　遭遇しないように行動したの。

　　私　なんかホラーゲームみたいな実家の帰り方だね。

　私はクロックタワーや青鬼といった怪物から逃げるホラーゲームが頭をよぎりました。

田辺さん　でもさ、私が１階にいるときにうっかりじいさんが降りてき
　　　　　ちゃってさ、私のいる部屋にじいさん入ってきちゃったのよ！

　　　　逃げる隙もなく目の前にじいさん！

　ホラーゲームなら万事休すです。

田辺さん　でもさ、私が目の前にいるのになぜかじいさん私に気付かなくて
　　　　さ！　なんとか息を殺していたらじいさんそのまま部屋を出て
　　　　行ったの！

　　私　ホラーゲームのバグじゃん！

　ホラーゲームでもたまに起こる、絶対に見つかっているはずなのになぜ
かスルーされて助かるという現象が田辺さんにも起こったようです。

　　私　良かったね。戦わずに脱出できて。

田辺さん　本当だよ。あ！　もうすぐ家のリフォームが完成するみたい！

　　私　おめでとう！　良かったね！

　田辺さんも今まで迷惑をかけた分だと、実家のリフォームのお金を払っ
たそうです。

田辺さん　完成したらみたらしちゃんと遊びに来てね！　私もお金を出し
　　　　た家だよ！　見せたい！

　　私　じゃあ、おじいさんとも挨拶できるね！

田辺さん　駄目！　みたらしちゃんをじいさんに会わせられないよ！　じ
　　　　いさん危険だもの！　じいさんから逃げないと！　うちに遊び
　　　　に来るときは酒寄さんもじいさんから隠れながら過ごしてね！

　まさかの私もホラーゲームのようなお宅訪問が体験できそうです。

 # 田辺さんの新居に初めて行った日

　田辺さんの１人暮らしの新居に、初めてみんなで遊びに行ったときのことです。

　はるちゃんとルームシェアを解消した田辺さんはその後も、しばらくの間は二人で住んでいた部屋にそのまま住んでいました。

　しかし、とうとう田辺さんも引っ越しをして、「新しい部屋自慢したいから来なさいよ」と誘われたので行くことになりました。

田辺さん　いらっしゃい！　あがって〜！

私　すごい！　素敵な部屋〜！

田辺さん　あ、まずは洗濯機を見てっ!!　さっき設置したばかりよっ!!

　少し早く着いた私に、田辺さんは手洗いより先に設置したばかりの洗濯機を見せてくれました。家に着いたばかりの洗濯機は早速仕事をしていました。

私　素敵！　早速使ってるね！

田辺さん　ええっ!!　洗い物が溜まりまくっているからね!!

　田辺さんはあんりちゃんが洗濯機を早く購入しろと何度も言ったにもかかわらず、面倒くさいという理由で買うのを先延ばしにしていました。

田辺さん　なんとかなるわよ。

　結果、下着の数が間に合わなくなり20着ほど買い足したそうです。靴下も30足買い足したそうです。経済を回していますね。

田辺さん　どう？　お高い洗濯機はやっぱり洗い方もなんか違うわよね。

私　うん、勢いがあるけど静かだね。私も手を洗って良いかな？

田辺さん　ああ！　そーりー！　ここで手を洗って！　ずっと洗えてなく
　　　　てタオルが一枚もないからこの紙ナプキン使って！　今この家
　　　　には使えるタオルが一枚もないの!!

私が手を洗い終わると、早速田辺さんのルームツアーが始まりました。

田辺さん　ここが台所。見て！　コンロがたくさんあって料理しやすそう
　　　　でしょ！

私　本当だ！　使いやすそう！　……ん？　何これ？

台所になぜかKAT-TUNのブロマイドが置いてあるのです。

私　何でここにKAT-TUNのブロマイドが？

田辺さん　本当だ！　何でだろうね？

田辺さんもなぜそこにあるのか知らないようでした。

田辺さん　良かったらソファ座って！

私　ありがとう。

私がソファに向かおうとする途中にも突然という感じでKAT-TUNのブ
ロマイドが置かれていました。

私　田辺さん、ここにも突然KAT-TUNのブロマイドがあるんだけ
　　ど？

田辺さん　本当だ！　不思議ね？

田辺さんの家は至る所にKAT-TUNのブロマイドが置かれており、
"KAT-TUNを探せ"状態になっていました。

はるちゃん　こんにちはー！　や～ん！　良い部屋～！

あんりちゃん　こんにちは！　わっ！　ナイスな部屋ですね！

私がKAT-TUNを探していると、はるちゃんとあんりちゃんも到着しま
した。

田辺さん　みんな、飲み物いる？　新居もウォーターサーバーあるわよ。

あんりちゃん　私お水欲しいです。

田辺さん　じゃあ、入れるわね。あら、洗浄中ですって！　どうやって解除するのかしら？

あんりちゃん　ちょっと見せてください……くそっ！　わからないっ！

田辺さん　このボタンとか？　えいっ！　駄目ね、洗浄中が終わらないわ。

私　タイミング悪く洗浄中に入っちゃったね。自動設定なの？

田辺さん　いや、今の時間が一番使わないだろうなと思ってさっき自分で洗浄設定したの。

あんりちゃん　何で私たちが来る時間に一番使わないと思ったんですか？　田辺さんうける～。

　　結局、どうにもならなかったのであんりちゃんは来て早々、田辺さん（道案内役）と一緒に飲み物を買いに出かけて行きました。

はるちゃん　そういえば、あんりもこのマンションに引っ越そうか考えているらしいですよ。

　　2人で留守番をしていると、はるちゃんが言いました。

私　そうなんだ！　ここ住みやすそうだもんね。

はるちゃん　相方で同じマンション住むって、あんりと田辺さん仲良すぎますよね！

私　はるちゃん、あんた最近まで田辺さんと同じマンションどころか同じ家に住んでなかった？

はるちゃん　あ！　本当だ！　気付かなかった！

　　その後、はるちゃんから好きなアニメのコレクションが増えて収納に困っているという相談を受け、

「空中のスペースを使ったら？」

　とアドバイスをしたところ、

はるちゃん　なるほど、空中ですね！　どう空中を使います？　賃貸って釘とか打てないからどうすれば良いですかね？

私　そこは自分で考えなさい！　甘えないの！　私が言えるのは空

　　　　中を使うってとこまで！

　そんな話をしていると、あんりちゃんと田辺さんがピザまんという飲み物を買って帰ってきました。

田辺さん　ピザまん食べ終わったら2人にも洗濯機見せてあげるね。

あんりちゃん　お、やっと洗濯機がこの家に！

田辺さん　はるちゃんと使っていたときよりも高い洗濯機買ってやったよ！

　田辺さんとはるちゃんはルームシェアを解消するにあたり、共同で使っていた家具をどちらがもらうか勝負をして決めたのですが、「酒寄さんはどっちに寄っているかゲーム」というカーテンの裏に隠れた私が右寄りにいるか左寄りにいるか当てるゲームで、田辺さんは負けて洗濯機を失っていました。

はるちゃん　すご〜い！　さすが田辺さん！

田辺さん　まぁね〜！　新しいのもふっくらキープ機能ついているわよ。今もふっくらキープ中よ。

はるちゃん　私あれ使ったことないです。すぐ解除しています。

田辺さん　え、何で?!

はるちゃん　すぐ畳まないと洋服にしわができちゃう気がして。

田辺さん　ばかだね〜っ！　しわをなくすにはふっくらキープしたほうが良いのよ！

あんりちゃん　よくわかんないけど洗濯機にふっくらキープさせてやれよっ！

私　そのふっくらキープ？　やらせてあげたら？

　私はふっくらキープが何なのかよくわかりませんでしたが、せっかくなら洗濯機にふっくらキープさせてあげたいと思いました。

はるちゃん　え〜！　じゃあ今度やってみます。

　ふっくらキープの話がひと段落したとき、一瞬無言の時間が発生しました。私はそのとき、

私　（あ、今がチャンスかも）

と、思いました。私は今日、ある話をみんなに打ち明けようと思っていたのです。

私 あのさ、あんりちゃんがピザまん食べ終わるまでの間にちょっと今まで田辺さんに黙っていた秘密を話しても良い？

田辺さん やだっ!!　怖いっ!!　何っ？

あんりちゃん え、私がピザまんを食べ終えるまでの時間をそんな重大なことに使わないでくださいよ！

はるちゃん それ、私たちが聞いても大丈夫ですか？

私 ごめん、ちょっと重たい話だから、あんりちゃんとはるちゃんがいてくれたほうが逆に話しやすいかも。

私はちょっと重たい話（例えるならカツサンドレベルの重さ）を3人に話し始めました。少し長くなってしまい、あんりちゃんは話の途中でピザまんを食べ終わり、みかんを食べていました。

私 それでね……。

田辺さん え、そんなことが?!　それでどうなったの??

そのときです。

びーびーびー！

遠くから何かを知らせる音が鳴りました。私たち4人は同じことを考えたと思います。

ぼる塾 （ふっくらキープが完了した）

田辺さん あ……、それでどうなったの??

田辺さんは自分の洗濯ものよりも私の話を優先してくれました。

私 ……以上です。この話はこの4人の間だけってことにしてね。

田辺さん やだっ！　酒寄さんずっと一人で抱えていたの！　申し訳ないね！

あんりちゃん 私たちも教えてもらえて良かったです！

はるちゃん 大丈夫です！　秘密にします！

※すごく深刻な打ち明け話のように見えますが、全然そんなことはなくカツサンドレベルです。共通の知人の話なので内容は割愛します。カツサンドだけに割愛ってね！

田辺さん　やだ〜！　もう！　本当に知らなかったよ！　酒寄さんに何かあげられるものないかしら？

　田辺さんは私の話を聞いてかわいそうに思ったのか、何かをくれようとうろうろし始めました。田辺さんはレシピ本とアイドルの写真集が一緒に並んでいる奇妙な食料棚から何かを発見したようでした。

田辺さん　あ、これいる？　買ったけど作り方がわからないラーメン！

私　え、そんなのもらっても困る。

田辺さん　美味しそうだから買ったけど、説明が全部中国語でさっぱりわからないの。

私　見せて！　あ、これ5〜6分くらい茹でて後から混ぜるみたいよ。

田辺さん　すごい！　酒寄さん中国語わかるの!?

私　いや、作り方の絵と数字見ればだいたいわかるでしょ。

田辺さん　あら、本当だ。

はるちゃん　私も欲しい！

田辺さん　あら、それならはるちゃんにもあげるわよ。

はるちゃん　ありがとう！　ねえねえ、田辺さんの家の時計の位置って変だね！

　はるちゃんはキレイに恩を仇で返していました。

田辺さん　あら、そろそろはるちゃん帰る時間じゃない？

はるちゃん　まだ全然大丈夫！　田辺さんに私の帰る時間教えてないのに何で知っているの？

あんりちゃん　やめろっ、喧嘩すんなっ！　あ、喧嘩っていえば……。

　心優しいあんりちゃんが、喧嘩の直前で話題を変えてくれました。私は、『名探偵コナン』のアニメを見るときにあんりちゃんとはるちゃんが元太

193

というキャラクターばかり見るから田辺さんが怒るという話を聞きました。田辺さんはその話を聞いて、改めてあんりちゃんとはるちゃんに怒り始めました。

田辺さん　もっと元太以外も見てよ！

あんりちゃん　私たちじゃなくて元太に言ってください。あまり活躍するなって。

はるちゃん　あれは見ちゃうよ〜。

田辺さん　もうあんたたちなんて知らない！

　そう言って、田辺さんは部屋を出ていきました。そしてすぐに戻ってきました。

田辺さん　ふっくらキープ終わってなかった。

3人　え!!　さっきの音ふっくらキープ完了の音じゃなかったの!?

　私の少し重い話の途中で鳴った電子音はふっくらキープ完了の音ではなかったのです。

田辺さん　違ったみたい。

私　じゃあさっきの音って何だったの？

田辺さん　わからないわ。

あんりちゃん　じゃあまだ洗濯機はふっくらキープし続けているんですか？

田辺さん　もう面倒くさいから中止ボタン押した。

あんりちゃん　最後までふっくらキープさせてやれよ！

　田辺さんはその後、ふっくらキープを中止した洗濯ものをみんなに触らせて、

田辺さん　ほら、やっぱり高い洗濯機は違うね。

　とただの自慢をしてきました。そんなことをしていると、そろそろ帰らないといけない時間になりました。田辺さん家を出ようとすると、

田辺さん　私もこの後用事があるから一緒に出るわ。

　と、田辺さんが駅までの帰り道を送ってくれることになりました。

田辺さん　酒寄さん、行きはどうやって来た？

　私　あっちの道から来たよ。

田辺さん　じゃあ、こっちの道から行きましょう。

　案内してくれた道には美味しそうな飲食店がずらりと並んでいました。

田辺さん　この景色、酒寄さんに見せたかったの。

　田辺さんは照れくさそうに笑って、100万ドルの夜景を見せたみたいに言ってきました。

【おまけ】

帰宅後。

　私　（洗濯機のふっくらキープって結局どんな機能なのかな？）

　そう思って調べたところ、ふっくらキープというものは存在せず、恐らくふんわりキープの間違いでは？　ということが判明しました。

　ぼる塾全員で米の炊き方みたいな言い間違いをずっとしていたようです。うける～。

タクシーで迎えに行く女

田辺さん　ねえ、私も一緒にみたらしちゃんのお迎えに行って良い？

　その日、私は田辺さんと一緒に行動していたのですが、私の息子のお迎えに彼女も一緒に行きたいと言い出しました。

私　え、田辺さんも一緒に？

田辺さん　駄目かしら？

私　良いけど、田辺さんこの後、予定大丈夫なの？

田辺さん　この後はあんりと焼肉に行くわ！　それまでは平気よ！

　私は、田辺さんが一緒だったら面白いかもしれないと思い、一緒に息子のお迎えに行くことにしました。

田辺さん　タクシーでお迎えに行きましょう。みたらしちゃんびっくりするわね。

　田辺さんは白馬に乗った王子様のように、タクシーに乗った田辺さんとして格好良く息子の前に登場したいようでした。

田辺さん　一つ確認しておきたいんだけど。

　タクシーをつかまえる前に、田辺さんが言いました。

私　なに？

田辺さん　みたらしちゃん、最近ぼる塾好きなのよね？

私　好きだよ。昨日もYouTube見て「田辺さん可愛い」って言ってたよ。

　さかのぼること数日前。ぼる塾の３人がZoomを使って息子とたくさん遊んでくれました。息子はそれがとても楽しかったようで、ぼる塾の大

ファンになりました。あんりちゃんが「トマトよしよし、トマトばんばん ばん」と何度もトマト好きの息子専用のギャグを披露し、息子から大爆笑 を取っていました。

あんりちゃん トマトよしよし、トマトばんばんばん。

息子 あははっ〜、もう１回〜。

はるちゃん 田辺さんも「まぁね」しなよ！ 笑い取るチャンスだよ！

田辺さん 入るの怖い！ こういうのって流れが大事じゃない！

あんりちゃん トマトよしよし、トマトばんばんばん。

息子 あははっ〜、もう１回〜。

田辺さん 駄目っ！ タイミングがわからないわっ！

はるちゃん タイミング？ したいときにしなよ〜。

田辺さん 無理よ！

あんりちゃん トマトよしよし、トマトばんばんばん。

息子 あははっ〜、もう１回〜。

あんりちゃん トマトよしよし、トマトばんばんばん。

息子 あははっ〜。

はるちゃん 田辺さんっ!! 今っ！

田辺さん まっ！ まぁね〜！

息子 ……あははっ〜。

田辺さん やった!! 笑ったよ！

はるちゃん やりましたね！

　私はパソコンの画面越しにはるちゃんと田辺さんを見ていて、大縄跳び が苦手な女子とそれを助ける女友達を思い出しました。

田辺さん 嬉しいね〜、みたらしちゃんが「まぁね」で笑ったよ〜。

　そんなことがあって自信を付けた田辺さんは、自分もお迎えについてい くと言い出したのだと思いました。タクシーに乗るとき、田辺さんは言い ました。

田辺さん さぁ、タクシーで田辺さん登場！　みたらしちゃんびっくりす
　　　　るわよ〜！

　タクシーでお迎えと言うけど、息子のいる場所の目の前にタクシーを止
めると歩行者など周りの迷惑になってしまいます。私たちは近場の広めの
場所で降ろしてもらい、徒歩で迎えに行くことにしました。

田辺さん ……みたらしちゃんに誰？って言われたらどうしよう。

　近づくにつれて田辺さんは不安になってきたのか急に怯えだしました。

私 田辺さん可愛いって言ってるんだから大丈夫だよ！

田辺さん 本当に？　もし、誰？って言われたらどうする？

私 もしそうなったら息子は一体何を見て「田辺さん可愛い」って
　　言ってるのよ。

田辺さん やだっ！　怖いっ!!　やめてよ怖い話はっ！

私 田辺さんが言い出したんじゃんっ！

　田辺さんが「でも、あんりのことを見て『田辺さん可愛い』と言ってい
る可能性はある」とリアルな点をついたところで到着し、田辺さんと息子
は生では半年以上ぶりの再会を果たしました。

田辺さん みたらしちゃん！

息子 ！

　息子は突然現れた田辺さんの存在に照れてしまったのか、一切田辺さん
の方を見ませんでした。しかし、いつもよりテンションが上がってはしゃ
いでいるので、彼が田辺さんの登場を喜んでいることはわかりました。

田辺さん みたらしちゃん！　こんにちはっ！

私 ほらっ！　この人誰〜？

息子 ママ〜！

私 うん！　私はママだよ！　この人は？

息子 ……。

　タクシーでお迎えと言ったもののタクシーはもう帰ってしまったので、

結局３人で徒歩で帰ることになりました。息子は今回の件にタクシーが関わっていることを知らないまま、タクシーは幻のタクシーになってしまいました。

田辺さん　みたらしちゃんっ！　ほらっ！　田辺さんよ！

息子　……。

田辺さん　たっなっべーっ！　田辺さんっ！

息子　……。

田辺さん　ほら、この人は誰ー？

息子　……。

息子は何度も話しかける田辺さんを無視し、なぜか見ず知らずのおばあさんをじっと見つめていました。田辺さんもこのままではらちが明かないと思ったのか、目についたたこ焼きを見て、

田辺さん　ほら、みたらしちゃん！　たこ焼きだよ！　これはたこ焼きと言ってね、良いものよ！

と、非常に彼女らしい説明をしていました。そろそろ私の家についてしまう距離になっても、田辺さんと息子は全くかみ合っていませんでした。このまま田辺さんが帰るのはあまりにも悲しいと思ったので、

私　もし時間まだ大丈夫だったら、うちで少し休憩して行かない？

と聞いたところ、田辺さんは「行く」と言って我が家にやってきました。

息子　トミカ！　これね、パトカー！

田辺さん　あら！　パトカー！　いいね〜！

息子　これはしょーぼーしゃ！

田辺さん　あら！　格好良いね〜！

自分の家に戻ったことで息子も安心したのか、田辺さんに自分のトミカコレクションを説明したりして、２人は少しずつ仲良くなっていきました。

田辺さん　あんたKAT-TUNわかる？

息子　かとぅーん？

田辺さん　あんたKAT-TUNって言えるのすごいね!! 『Real Face』わかる？

息子　？

田辺さん　ギリギリでいつも生きていたいから〜。

息子　あははっ！　もう1回っ！

田辺さん　ギリギリでいつも生きていたいから〜。

息子　あははっ！　もう1回っ！

田辺さん　ギリギリでいつも生きていたいから〜。

　息子のリクエストで何度も『Real Face』のワンフレーズを歌う田辺さんを見て、

私　（田辺さんはぎりぎりでいつも生きているよ）

と、心の中で思いました。

　その後、田辺さんは息子のために『てんどんまん自慢歌』を全力で歌ってくれたりして、とても楽しく時間が過ぎていきました。

田辺さん　みたらしちゃんっ！　来てっ！

　田辺さんは息子に自分のスマホの画面を見せていました。私も一緒に覗き込むと、生まれたばかりの頃の息子の写真でした。

田辺さん　ほら、小さかった頃のみたらしちゃんだよ〜。

息子　みーちゃん？

田辺さん　あら！　自分ってわかるの？　すごいね！　ほら、いっぱいあるよ！

　田辺さんは息子に田辺さんが保存しているたくさんの息子の写真を見せていました。

息子　みーちゃん！

田辺さん　そうだよ！　こんなに小さかったんだよ。ほら、私とあんたのママとみたらしちゃんで撮った写真もあるよ〜。

私　わ〜、懐かしい！

田辺さん　このみたらしちゃんの顔、赤ちゃんなのに決め顔でうけるね。

　私　確かに。「ずっ友だよっ！」て顔してる。

息子　みーちゃん！

田辺さん　そう！　こんなに大きくなって良かったね〜。ほら、この頃は
　　　　　まだ小さくてしわくちゃな顔してるよ〜。

　田辺さんは息子が生まれた日から毎日息子の写真を見ているので、親の
私と同じくらい息子の成長を知っています。

田辺さん　ほら、これはパン食べてるね〜。

息子　みーちゃん！

田辺さん　これは寝てるね〜。

息子　みーちゃん！

田辺さん　みたらしちゃん、小さい頃の自分ってわかるのすごいね！

　私　懐かしい〜。

田辺さん　これ可愛いね！　ボール投げてるよ。

息子　みーちゃん！

田辺さん　これは。

息子　……いっぱいあるねー。

　息子は途中から、何でこの人こんなに自分の写真を持っているんだと少
し違和感を覚えたようでした。

田辺さん　これはすべり台で遊んでるね。

息子　いっぱいあるねー。

田辺さん　これはおうどん食べてるよ〜。

息子　いっぱいあるねー。

田辺さん　ねえ、みたらしちゃん、なんか怖がってない？

　私　うん。私もそう思う。

田辺さん　そりゃそうよね。何か突然やってきた知らない女が自分の写真大
　　　　　量に持ってて見せてきたら怖いわよね。

私　　そう言っちゃうと田辺さんめちゃくちゃ怖い人じゃん。

田辺さん　本当よ！　ねえ私って何者？　田辺さんって誰？

　息子は自分のことを認識しているのに、田辺さんは自分を見失っていました。

　私　　今日も３人で撮ろうよ！

田辺さん　そうね！　ずっ友写真更新しましょう！　みたらしちゃん！おいで！

　息子　　は〜い！

　私　　撮るよ〜！　はいチーズ！

　　カシャッ。

　息子　　みて〜！　つよいっ!!　えいっ！

田辺さん　ああ、そんなにはしゃいで!!　転ぶよっ!!　あんたがここでけがしたら、私この後の焼肉全く味しなくなるよ！

　私　　そうだっ！　田辺さん時間大丈夫？

田辺さん　あ！　そろそろ出ないとやばいね!!　名残惜しいわ……。

　田辺さんの焼肉の時間が近づいてきたので息子と玄関までお見送りすることにしました。

田辺さん　じゃあまたね。みたらしちゃん！　私は田辺さんよっ！　田辺さんっ！

　息子　　ばいば〜い。またね。

田辺さん　あら〜、「またね！」だって！　嬉しいねっ！　またねっ！　絶対また遊ぼうねっ！

　私　　今日はありがとうね。あんりちゃんによろしくね。

田辺さん　こちらこそよ！　じゃあ！

　田辺さんが玄関の扉を閉めると、息子は「田辺さん行っちゃったね」と、言いました。

　息子　　田辺さん行っちゃったね。

私　　うん、行っちゃったね。

息子　田辺さん行っちゃったね。

私　　うん、ママもね、同じこと思ってるよ。

息子　田辺さん行っちゃったね。

でも、大丈夫。またねって言ったから。きっとまた会えるよ。

育休中に相方がめちゃくちゃ 売れた　田辺さん編

　皆さん、こんにちは。ぼる塾の酒寄です。

　突然ですが、皆さんはぼる塾という女芸人トリオを知っていますか？

「まぁね〜」。

　この言葉をよく使う人がいるグループといえば、「あの人たちか！」と頭に浮かぶでしょうか。私はそのぼる塾の４人目のメンバーです。

「トリオなのに４人？」

　そう思った方もいると思います。少し説明させてください。

　ぼる塾は元々あんりちゃんとはるちゃんのコンビ「しんぼる」と、田辺さんと私のコンビ「猫塾」という２組の無名の女コンビでしたが、その２組が合体して「ぼる塾」になりました。ぼる塾は正式にはカルテットなのです。

　ちょうどぼる塾を結成するときに私は息子を出産したばかりだったので、育休中のかたちで参加することになりました。ぼる塾は、私が育休の間に気が付いたらテレビにレギュラーで出演するほど人気者になっていました。

　自分が育休中に相方がめちゃくちゃ売れてしまいました。

　特に田辺さんに至っては何年も一緒に売れない芸人をしていたパートナーでした。

　田辺さんは出会ってからずっと、昔話に出てくる良い鬼くらい優しい人でした。１つ例をあげますね。

　昔、田辺さんと私は短期のアルバイトを一緒にしていました。そのアル

バイトは毎回ではありませんが、たまに弁当が支給されることがありました。私は休みで田辺さんだけアルバイトだった日に弁当が出たときは、田辺さんはアルバイト先の人に、「もし弁当が余ったら持ち帰っても良いですか？」とお願いして、アルバイト終わりに電車移動までして余った弁当を私の家に届けてくれました。

> **田辺さん**　今日〇〇の弁当だよ!!　やったね!!　それじゃ！
> **私**　え、もう帰るの？
> **田辺さん**　それ（弁当）渡したかっただけだから！

　と、本当に弁当だけ届けて帰っていきました。優しいですね。

　しかし、売れると人は変わってしまうという話を聞いたことがあります。本当なのでしょうか？

　人生で育休中に相方がめちゃくちゃ売れる機会は滅多にないと思うので、売れると人は変わってしまうのかを田辺さんで検証してみました。

【検証方法】

　田辺さんの変化を見守る。
　それでは検証スタート〜！

某月某日
　出産後、里帰り中。私の実家までわざわざ田辺さんが息子に会いに来てくれた。「あらー、小さいねー」と田辺さんは恐る恐る息子を抱っこして、「私って本当にでかいね」と自分の大きさに驚いていた。田辺さんが帰った後、私の母親が「あのおやつの量で田辺さん足りたかしら？　もっと出すべきだったかしら？」と心配していた。

某月某日

里帰り終了後、再び田辺さんが息子に会いに来てくれた。息子を抱っこして３人で散歩をする。公園を散歩中、前から歩いてきたおじいさんが「可愛いね。いくつだい？」と聞いてきたので、私が「32歳です」と言うと、田辺さんが「０歳です」と言うのでサバ読みすぎだろうと思ったら「赤ちゃんの年齢聞いてるのよ！」と教えてくれた。

2019年12月7日
　私と田辺さんはコンビを解散した。あんりちゃんとはるちゃんのコンビも解散した。４人でぼる塾になった。

某月某日
　田辺さんが息子に会いに来てくれた。田辺さんは来てすぐに「手を洗って良い？」と急いで手を洗い、「まだ温かいのよ！」と自分の分だけ買ったケンタッキーのチキンを食べ始めた。息子には田辺さんが食べ終わるのを待つという謎の時間が発生した。食べ終わった田辺さんは再び手を洗い「お待たせ！　みたらしちゃん！」と息子を抱っこしてすぐに泣かせた。

某月某日
　田辺さんが息子に会いに来てくれた。田辺さんの抱っこで息子が泣き出し「わざわざ移動して泣かせに来たみたいじゃない！」と田辺さんが言った。その通りだった。

某月某日
　田辺さんが息子に会いに来てくれた。今日はあんりちゃんとはるちゃんも一緒に会いに来てくれた。息子があんりちゃんに、「田辺さんを見ると泣くんだから見なきゃ良いのに！」と言われていた。

某月某日

　田辺さんが「みたらしちゃんの写真を送って」と言うので、寝ている息子の写真を送ったら「あらあら！　寝相がピーター・パンみたい！　私はウェンディーズやるわ！」と返してきた。それはハンバーガー屋だと思った。

某月某日

　田辺さんが突然、「みたらしちゃんにジャズやらせましょう」と言い出した。私が「ジャズって何するの？」と聞くと「さあ……ピアノ？」と疑問形で返された。田辺さんが「最近ジャズの物語を見てすごく良かったのよ!!　だからみたらしちゃんにやらせたいの!!」と言う。もし田辺さんがハリー・ポッターを読んだら息子を魔法使いにさせたがるかもしれない。

某月某日

　田辺さんから「今日のみたらしちゃんの写真ちょうだい」と言われて送ったら、息子がたまたま手を耳に近づけている写真だったので「このみたらしちゃん、『まぁね〜』してない？　『まぁね〜』だよ!!　これは！」と自分のギャグを強制してきたので「まぁね〜の押し売り」と言ったら「まぁね〜」と返ってきた。

某月某日

　田辺さんに「みたらしちゃんは食べ物の好き嫌い出てきた？」と聞かれたので最近のお気に入りの離乳食を教えたら「何それ美味しそう！　作ってみるわ！」と言われた。1歳のお薦めも試す田辺さん。

某月某日

　田辺さんから「今日のみたらしちゃんの写真ちょうだい」と言われて写

真を送ったら、「この写真のみたらしちゃん、酒寄さんに似てるね！」と
言うならわかるけど、「この写真のみたらしちゃんと、この写真のみたら
しちゃん似てるね！」と言われた。「そりゃ同一人物だから」と返したら
「確かに！　私は何が言いたいのかしら？」と田辺さんは激ムズクイズを
出してきた。

某月某日

　田辺さんが「私って、みたらしちゃんの何なのかしら？」と言ってき
たので「続柄、田辺じゃない？」と返したら「そうよ！　私はこの子の
田辺よ！　芋掘りとか連れてってあげたいね！」と、田辺として何がで
きるかを語られた。

某月某日

　田辺さんに「みたらしちゃんの写真送って」と言われたのでコーンパン
を食べてる息子の写真を送ったら「やだ！　コーンパン!?　私大好き!!」っ
てコーンパンの写真を送ったみたいな返事がきた。

某月某日

　田辺さんにスイカを食べる息子の写真を見せたら、「あら可愛い！　牛
タン食べてるときの私にそっくり」と言われた。

某月某日

　ここのところ田辺さんは息子の動いてる姿を見ると、「お代官だね」「あ
らお代官様だ！」「よっ！　お代官！」と言うので、田辺さんの中で最近
お代官ブームが来てるなって思った。

某月某日

テレビに映る3人を見た。嬉しかった。

某月某日

　テレビに映る3人を見た。私が田辺さんの足を引っ張っていたのかと思った。

某月某日

　もういっそ私なんて捨ててくれと思った。

某月某日

　ぼる塾を辞めたいと田辺さんに伝えた。田辺さんが「酒寄さんがいないとぼる塾じゃない。酒寄さんがいないと私は田辺じゃなくなる」と言った。

某月某日

　田辺さんに「みたらしちゃんの写真を送って」と言われたのでチーズドッグを食べている写真を送ったら「あら！　チーズドッグ!?　私大好き!!」ってチーズドッグの写真を送ったみたいな返事がきた。以前も似たようなことがあったなと思った。

某月某日

　田辺さんが息子に会えたときにまた泣かれるんじゃないかと心配していたので、「息子、パン好きだよ」と教えたら田辺さんは、「じゃあ私が腰に高級食パンぶら下げていたら仲良くなれるかしら？」と言っていた。仲良くなるやり方が桃太郎みたいだと思った。

某月某日

　息子を連れて田辺さんとはるちゃんのシェアハウスに行った。田辺さん

はうまくパンを使って息子と仲良くなっていた。しかし、田辺さんが何度も自分の部屋の和室に嫌がる息子を抱っこして連れて行き、すぐ友情に亀裂が走った。息子はぼる塾ではあんり推しが判明。

某月某日

　田辺さんが「何でみたらしちゃんは私に懐かないのかしら？」と不思議がっていた。あんりちゃんが「想像してください。田辺さんが自分より巨大な人間に抱えられて、行きたくない和室に逃げても逃げても何度も連れて行かれたらどうですか？」と言うと、田辺さんは「ぞっとするね！」と言っていた。

某月某日

　息子がおにぎりのオモチャが大好きで両手に持ってよく走っているという話を田辺さんにした。田辺さんは「すごいね!!　私好きだけど両手にトッポギ持って走らないよ!!」と言っていた。

某月某日

　息子の言葉が遅いことを田辺さんに話した。「私の弟も話すの遅かったけど、私が実家を出るぎりぎりまで私の面倒を見るくらい立派になったから大丈夫よ！」と励ましてくれた。それから、「みたらしちゃん、言葉遅いかもしれないけど、よくわからない言葉はたくさんお話しするじゃない」と田辺さんが言ったので、私が「バイバイくらいしか意味わかって言ってないよ」と言ったら田辺さんは「さよならが言えたら大丈夫よ」と何か格好良く言ってくれた。

某月某日

　田辺さんから「そう言えば、みたらしちゃんが生まれたばかりの頃

……」と話し始めたので何か息子の思い出話かと思ったら、「酒寄さん家でもらった饅頭美味しかったわ」と饅頭の思い出話をされた。

某月某日

　息子の２歳の誕生日、０時過ぎてすぐに田辺さんから「みたらしちゃんお誕生日おめでとう！」とお祝いのメッセージがきた。このお祝いのスピードは友達の子どもへの誕生日おめでとうというより、もう自分の友達へのメッセージに近いと思ったので、それを田辺さんに伝えたら「確かに！　みたらしちゃんの友達として送ってるよ！　なんだかんだ２年の付き合いだよ！　もう親友よ！」いつの間にか２人は親友になっていた。

某月某日

　田辺さんが「みたらしちゃんが変なやつと知り合わないことを願うよ！」と言ってきたので、「田辺さんとはるちゃんに出会ってしまったよ」と返したら「あーら！」と言ったきり何も言ってこなかったので「言い返せないんだね！」と言ったら「こればっかりはね……」と言っていた。「変なやつの自覚あるんだ（笑）」と私が続けると田辺さんは「まともとは言えないよ」と言っていた。

某月某日

　ぼる塾のみんなが誕生日にくれたカラオケのおもちゃで息子が歌っていたので動画を撮影。田辺さんから「今日のみたらしちゃんある？」ときたタイミングで動画を送る。田辺さんが「すごいね!!　音程も合ってる!!　みたらしちゃん歌うまいね!!」と、とても褒めてくれた。田辺さんが「ジャズの才能あるよ!!」と言い出したので「ジャズの才能って何？」と聞いたら「ジャズはね！　努力じゃないのよ！　才能!!」と、結局ジャズの才能とは何なのかは教えてくれなかった。

某月某日

　息子の寝ぐせがひどく、『ちびまる子ちゃん』の花輪くんみたいだったのでその写真を田辺さんに送ったら、「本当に花輪くんだわ！　うける！」と返ってきた。その後、田辺さんから「面白かったから私の母親にもさっきのみたらしちゃんの写真見せたら『イヤミの髪型みたいだね』って言ってきたけど、母親イヤミの髪型勘違いしてるわよね？」と連絡があった。お母さんが言いたかったのはスネ夫か？　と思った。

某月某日

　田辺さんから「みたらしちゃんの写真ちょうだい」と連絡がきたとき、ちょうど目の前で息子がガストのチラシのキッズメニューを真剣に見ていたので、その姿を撮影して送る。それを見た田辺さんから「すごい！　自分がキッズって気付いてるのね！」と言われた。

某月某日

　暗いニュースや怖いニュースが続く。田辺さんから「みたらしちゃんを守ってあげてね！　私は膝を守るよ！」とお互いが守るべき存在を教えられた。

某月某日

　ぬいぐるみを乱暴に殴っている息子の動画を見た田辺さんが「みたらしちゃん、大人になってくね」と言っていた。田辺さんの考える大人って怖いと思った。

某月某日

　息子が踊っている姿を見た田辺さんが「みたらしちゃんをアイドルにしよう」と言い出したので、「自分の子どもだからわかるがこのダンスは決

してアイドルのダンスではない」と言ったら「私は24年間ジャニーズを見てきた女だよ!!」と叫ばれた。見てきた女。

某月某日

　息子がフライドポテトを食べている写真を見た田辺さんが「あら！　ポテト！　酒寄さんはポテト苦手なのに！」と驚いていたので、「親の意思で引き裂いちゃ駄目よね」と言ったら、田辺さんから「交際を認めてくれてありがとう」と言われた。田辺さんはどういうポジションなんだろうかと思った。

某月某日

　息子が全裸で『おどるポンポコリン』を歌って踊っていたので田辺さんに報告したら、「あら！　おへそがチラリどころじゃないね！」ってうまいこと言っていた。

某月某日

　田辺さんから息子の写真を送ってくれと言われたので、部屋をめちゃくちゃ散らかして「散らかしてる子、誰ー？」という質問に元気よく「はーい！」と返事をする息子の動画を送ったら、田辺さんから「あら！　私と一緒ね！　私たち仲間よ！」とすぐに解散させたい仲間を作られた。

某月某日

　テレビに映る３人を見た。もう大丈夫。

某月某日

　息子と一緒に電車に乗っていたら、息子が突然大きい声で「フレーフレー赤組！」と赤組を応援し始めて焦った話を田辺さんにしたら、「謎

だね！　どうしたのかしら？」と聞いてきたので「車内に赤組いたのか
な？」と返したら、田辺さんは「わからないけど赤組に勝って欲しいね」
と赤組を応援してくれた。

某月某日

　田辺さんにホットケーキを食べている息子の写真を送ったら、「みたら
しちゃん、ホットケーキ焼いてもらって幸せね」と言ってくれてなんだか
嬉しかった。しかしその後、「いいメープルシロップを今度ぜひ渡したい
わ！」とホットケーキをワンランク上にしようとしてきた。

某月某日

　田辺さんが「みたらしちゃんと久しぶりに会うときは泣かせないために
パンを持っていく」と言った後で「物で釣るなんて卑怯かしら」と言って
きたので、私が「桃太郎もきび団子で仲良くなってたよ。金太郎は相撲で
仲良くなってたけど」と言ったら、「私は桃太郎方式でいくわ。私たち体
格差すごいから」と言っていた。田辺さんの相撲に手加減はないみたいだ。

某月某日

　田辺さんから「みたらしちゃんって私のこと好きよね？」と非常に答
えにくい質問がきた。

某月某日

　田辺さんからLINEで【みたらしちゃんにクリプレあげたい！】ときて、
私は一瞬クソリプに見えたので「一瞬クソリプに見えて田辺さんの感情、
どうなってるのかと思った」と言ったら、「やだー、クリスマスプレゼン
トよ！」。クリスマスプレゼントで良かった。

某月某日

　息子の病院の日（小さく生まれた息子はフォローのために定期的に病院で検査をしてもらっていました）。病院の先生からはずっと言葉の遅れなどを心配されていたが、前回よりも急成長したと褒められる。帰りにちょっとご褒美ということでファミレスでお子様ランチ。

　田辺さんからちょうど「今日のみたらしちゃんの写真ちょうだい！」と連絡がきたので、お子様ランチを食べる息子の写真を送信。一緒に「今日病院の日ですごく成長したって褒められた！　お祝いお子様ランチ！田辺さんがくれたアンパンマンのおもちゃもかなり良い影響を与えてくれたと思う！　ありがとうね！　数字とか！　言葉とか！　たくさんそれで覚えたよ！」と送ると、田辺さんは「あら！　成長！　ばんざーい！でも私のおかげじゃないわよ！　みたらしちゃんと両親の努力よ！」と謙遜していた。それに対して、「息子、お子様ランチで真っ先にポテト食べてた」と送ると田辺さんは「あら！　みたらしちゃんは私と似てるね！　そっくりだよ!!」と急に図々しくなった。

某月某日

　あんりちゃん、はるちゃん、田辺さんが息子に会いに来てくれた。田辺さんが「はい、これみたらしちゃんにプレゼント」とお菓子を出す。あんりちゃんとはるちゃんが「あ！　田辺さんずるい！　田辺さんが『酒寄さんが気を遣うから今回は贈り物はなしにしましょう！』って言ったのに!!　抜け駆けだ!!」とブーイング。田辺さんが「へへへ！　これで私の一人勝ちだよ。はいみたらしちゃん！」とお菓子を渡そうとして息子に回し蹴りされていた。

某月某日

　いつまでも田辺さんに懐かない息子。田辺さんなりに理由を考えたのか、

「みたらしちゃんに会うとき、私が一番ぼる塾で人気あるのよって顔で近づいてるから駄目なのかしら？」と言ってきた。田辺さんはそんな顔で息子に近づいていたのかと驚いた。

某月某日

　最近息子はDA PUMPの『U.S.A』を歌って踊るのにハマっている。しかし２歳の彼は響きだけで歌っているのか「カモン ベイビー アフリカ！」と全てを覆している。田辺さんはそんな風に歌って踊る息子の動画を見ても「あら、上手だねー！」と褒めてくれたので、こちらもお返しに「このカモンベイビーって田辺さんのこと言ってるんだよ。田辺さんアフリカに行ってあげてよ」と言ったら、田辺さんは「アフリカは嫌よ！」と嫌がっていた。しかしその後、田辺さんは「アフリカって雷がキレイみたいね」とアフリカのことを調べてくれていた。

某月某日

　引き続き息子は『U.S.A』ブーム。しかし「カモン ベイビー アフリカ！」。田辺さんが「みたらしちゃんのバックに動物が見えた」と言ってきた。

某月某日

　以前、私の母親が息子に「いつかディズニーランドに連れて行ってあげたい」と言っていたのと同じテンションで、田辺さんが「いつかみたらしちゃんを鳥貴族に連れて行ってあげたい」と言っていた。

某月某日

　田辺さんから「みたらしちゃんの写真ちょうだい！」ときたのでぬいぐるみを持って走っている息子の写真を送る。田辺さんから「あらあら運

216

び屋だね〜」と感想がきた。

某月某日

　たまに全部が怖くなる。

某月某日

　田辺さんから「最近のみたらしちゃんどう？」と聞かれる。私は最近
自分が落ち込みがちだったことを伝えてから昨日のことを話した。
「昨日、夕飯にシチューを作ったんだけど、付け合わせのブロッコリー
を運ぶとき、全部ひっくり返しちゃって。なんて自分は駄目人間なんだ
ろうって思って、そのとき、そういう空気とか全然わからないし、偶然
だとは思うけど、息子がそのタイミングで『わー！　シチュー美味しそ
うねー！』って言ってくれて救われた」
　私の話を聞いた田辺さんの返事はこうだった。
「え、みたらしちゃん、もうそんな食レポみたいなこと話せるの？　す
ごくない？　だってシチューを食べて美味しいって言うんじゃなくてシ
チューを見て美味しそうって言えるんでしょ？　超成長してるね！　田辺さ
んいい女だねって言葉もそろそろ言えるんじゃない？」
　田辺さんは興奮しながら、私が気付かなかった食レポという角度から息
子を褒めてくれた。その後、田辺さんは「みたらしちゃんは美味しいシ
チューを作ってくれるママがいて幸せだよ。そんな酒寄さんだよ。何度ブ
ロッコリーひっくり返しても駄目にならないわよ。ねえそういえばスタバ
の新作美味しすぎたんだけど！」と私をスタバの新作と並べて褒めてく
れた。

某月某日

　田辺さんが「私、みたらしちゃんに、お菓子作りとかKAT-TUNの格好

良さとかコナンの面白さとか、いろんなこと教えてあげられるけど、腹八分目だけは教えられない……」と悔しがっていた。

田辺さんは続いている。でも特に変化は見られないのでここで検証は終了。

【検証結果】

　田辺さんは売れてもずっと変わりませんでした。実家に生えている大きな木くらい変わりませんでした。この検証結果を書いているときにちょうど田辺さんから連絡がきたので、

　「田辺さんは売れても変わらないね」と伝えたら、

田辺さん　あら、変わったわよ。私、今5000円のシャンプーと6000円のコンディショナー使ってるわ。

　いや、高っ!!　めっちゃ変わってる〜!!

読む『田辺の和室』

#00　バタコさん

YouTubeのぼる塾チャンネルの自称人気コーナーの出張版です！
YouTube版を見てくれた人を我々は勝手に利休と呼んでいるのですが、
ここを読んだ皆さんも利休の仲間入りです！　今日からあなたも利休！

　私と田辺さんはYouTubeのぼる塾チャンネル内で『田辺の和室』という音声放送をしています。

　視聴者の皆さんから、

「聞いていると途中で眠くなってしまい、最後までなかなか聞くことができません」

　というコメントをたくさんもらうヒーリング効果抜群の放送です。田辺さんとも「我々のライバルは波の音」と言い合っています。

　基本的に収録したものはどんなに盛り上がりに欠けてもお届けするようにしているのですが（しないほうが良いですね）、1本だけお蔵入りにした回があります。その回はお互いの自宅からリモートで撮ったのですが、音質があまりにも最悪でした。"良いテーマだったのに…"

　盛り上がりに関してはいつも以上に良かったので（当チャンネル比）、このまま非公開は寂しいと思い、今回はそれを文字に起こして、読む『田辺の和室』としてお送りしたいと思います。

【田辺の和室♯00バタコさん】

田辺さん　さぁ、始まりました。『田辺の和室』。

私　始まりました〜。

田辺さん　和室、いや和室じゃないよ、押し入れを整理していたら、「あら、こんな石鹸があったんだ」って、それがお気に入りの石鹸で。

私　うん。

田辺さん　でも、石鹸っていうのは期限がないですからね、そういう期限のないものになりたい田辺です。

私　皆さんに31アイスを奢るよって言える人になりたい酒寄です。

田辺さん　あぁ、最高だね。そういうシンプルなのが良いよ。でも石鹸もさ、期限があるのもあるよね?

私　え?　石鹸って全部使用期限はあるんじゃないの?

田辺さん　**あんの!?　全部??!!（大声）**

私　（大声にびびる）!　え、あ、ないかも?

田辺さん　私が最近見つけた石鹸は期限がないよ。期限があるやつもあると思うけど。

私　配合してるものとかで変わるのかな?

田辺さん　まぁ、いっか。

私　笑。

田辺さん　今回はさ、アンパンマンのモテについて。

私　アンパンマンのモテについて?　アンパンマンとモテってあんまりピンとこない。

田辺さん　バタコさん。

私　バタコさん?

田辺さん　バタコさんのキャラクター紹介のところ見たらびっくりしたんだよ、私。

石鹸の使用期限って
全部あるんじゃ…
え、あ、ないかも（汗）

まぁ、いっか

私	何？
田辺さん	アンパンマンの世界では絶世の美女って。
私	公式で？
田辺さん	公式！
私	でもバタコさんって絶対モテるよね。なんだかんだで一番モテるタイプの人だと思う。
田辺さん	そうなのよ!! 恋のライバルにバタコさんいたらマジ嫌だって思う。
私	わかる！ 絶対この人には敵わないよ！ってなる。
田辺さん	敵わないよね。
私	うん。私の中で本当のサバサバ女子ってバタコさんだと思うもん。
田辺さん	本当にそう思う。巷で騒いでる「私サバサバしてるから〜」とかそういうんじゃないんだよね。
私	そう！ バタコさんは真のサバサバ女子だよね！ しかも真のサバサバ女子ってさ、自分の乙女な部分を大事にしてるよね!!「私ってサバサバしてるから〜」って言わずにちゃんと自分の乙女な部分を大事にしてる（興奮気味）!!
田辺さん	わかるよ〜。バタコさんのこと好きな人多くない？ アンパンマンの世界で。
私	うん。私勝手に「この人バタコさんのこと好きだろうな」って何キャラクターか思ってるよ。
田辺さん	でも公式でおむすびまんとじゃん。

バタコさんは
絶世の美女なんだって！

私	らしいね。
田辺さん	おむすびとも良いと思うんだけど、私は勝手にハンバーガーキッドがバタコさんを好きだと思ってたの。
私	あぁ〜、私は勝手にかつぶしまんがバタコさんを好きだと思ってた。
田辺さん	別に好きとかって公式で言ってないんだけど、思うよね。
私	2人のやり取りとか空気感から、あ〜って。
田辺さん	でもさ、しょくぱんまんは違うよね。バタコ

さんとそういうんじゃないよね。

私　うん、しょくぱんまんは違う。そういう目で見て
ないのが伝わってくる。

田辺さん　そうだよね。違うよね。あんな格好良い感じだけ
どしょくぱんまんって恋愛事情どうなのかしら？
みみせんせいとはよく一緒にいるイメージだけど。

私　しょくぱんまんって恋愛興味なさそう。

田辺さん　あんなに格好良いのに……。

私　しょくぱんまんってイケメン設定だけどそういう
のに興味なさそう。何かちょっと変わってるじゃ
ん？　彼？

田辺さん　確かにちょっと変わってる。

私　だって、あんなに可愛いドキンちゃんにさ～、ドキンちゃんが好きって気
づいてないの彼？

田辺さん　気づいてなさそうよね。あんなにわかりやすいのに。……でもさ、ドキン
ちゃんもアンパンマンの世界で可愛いじゃない。

私　可愛い。

田辺さん　バタコさんと真逆の可愛いだよね。

私　なんかドキンちゃんに関しては昔、やなせたかしさんがインタビューでド
キンちゃんはやなせさんの母親の面影があり、性格は妻に似ているって
言ってた。だからあんなに魅力的なのかなって。

田辺さん　え～、そうなんだ。

私　自分の周りの女性をあんなドキンちゃんみたいに魅力的に描くって素晴ら
しいよね。

田辺さん　素晴らしいよ。ドキンちゃん可愛いって思うもの。ドキンちゃんってさ、
感情を素直に出せるから良いなって思う。

私　ねぇ、ばいきんまんってドキンちゃん好きなの？

田辺さん　さぁ？　ばいきんまんってりんごちゃんに弱くない？

私　りんごちゃん好きなのかな？

田辺さん　私もりんごちゃん好きよ。あと、しらたまさん。

私　田辺さんはめちゃくちゃしらたまさん好きだよね（笑）。

じゃあ仕切り直して、
3、2、1（どーぞ）!

私はバタコさんに
女性としての素晴らしさを
学んでる

田辺さん　しらたまさんの回のアンパンマンがポンコツすぎるから好きなんだよね。

私　　　あぁ。

田辺さん　アンパンマンって恋愛に関してどうなのかな?

私　　　あー……アンパンマンに助けられて好きになっちゃう人とかいないのかな?

田辺さん　アンパンマン……。

私　　　あくまでイメージで語って良い?　アンパンマンとしょくぱんまんとカレーパンマンなら一番カレーパンマンが恋愛ありそう。

田辺さん　あら、急に何も聞こえなくなったわ。え、アンパンマンがなんだって?

※電波の影響か、田辺さんの声は私に聞こえるが、突然私の声は田辺さんに聞こえなくなる。

私　　　（田辺さんに聞き返されたことで急に自分の発言が恥ずかしくなる）

田辺さん　何だって?

私　　　……アンパンマンとしょくぱんまんとカレーパンマンの3人いるじゃん。

田辺さん　え、何て?

私　　　だから、アンパンマンとしょくぱんまんとカレーパンマンの3人だったら一番カレーパンマンが恋愛ありそう。

田辺さん　確かに。でもカレーパンマンって失恋しそう。

私　　　わかる。探したらカレーパンマン失恋回ありそう。

田辺さん　カレーパンマンってなんか報われなさそう。だからさ、私は本当にバタコさ……。

私　　　……あれ、田辺さん?　おーい、おーい、田辺さん!　もしもーし、もしもーし。

※数分間、電波の影響か田辺さんが消える。

田辺さん　あら、聞こえた。良かったよ。

私	じゃあ仕切り直して、3，2，1（どーぞ）！
田辺さん	私はバタコさんに女性としての素晴らしさを学んでる。こうありたい。穏やかだし。バタコさん、歌ではバタバタ走るって言われてるけど、彼女が慌てふためいてるとこ見たことある？
私	バタバタしてるとこ見たことない。
田辺さん	いつも冷静よね。ドキンちゃんと真逆よね。私はどちらの魅力も兼ね備えたいよ。
私	バタコさん、お裁縫が得意らしいよ。
田辺さん	私、針に糸通すだけで大暴れするんだけど。
私	あはは、私糸通し使う。
田辺さん	あはは。
私	"バタコさん回"って当たりだよね。毎回面白くて（ここから酒寄一人語りが始まる）。
田辺さん	あはは。
私	（一人語り中）……私はシチューおばさんが好きだけどね。
田辺さん	あはは。
私	ふふふ（田辺さんが私の話にめちゃくちゃ笑っていると思っている）。
田辺さん	**あはは、何でこんなに今日電波悪いのかしら、ごめん、途中から何言ってるのか全然聞こえなかった。てきとーに笑ってた。**
私	**え!?**
田辺さん	しかも私もう時間ないのよ。
私	え!? 待って、ずっと聞こえてなかったの？
田辺さん	ずっと長いことハウリングしてて「**シチューおばさんが好き**」ってとこだけ聞こえた。
私	……ハウリング中ずっとシチューおばさんが好きって話していただけだから大丈夫よ（強がり）。
田辺さん	**あら、また何も聞こえなくなった。さよなら～。**
私	え～。

【おわり】

225

CHAPTER
5

ドキドキ
酒寄さん

メロンパン

まだ猫塾だった頃、私はあるライブの終わりに公園で泣いていました。

その日は他の出演者が全組大爆笑をとっている中、猫塾だけ全く笑いが起きませんでした。焦った田辺さんはネタを忘れてしまい、

「なんだっけ？」と、言いました。

それに対して私も田辺さんと同じくらい動揺していたので、

「なんだっけじゃないよ！」

と、舞台上で本気で怒ってしまい、お客さんに何を見せているんだという大失敗をしました。

私は恥ずかしいやら悔しいやらで誰にも合わせる顔がなく、ライブ終了と同時に劇場から飛び出し、よくネタ合わせに使っていた公園まで逃げてきたのでした。

田辺さん 酒寄さん！

1人で時間を忘れて泣いていると、田辺さんが公園にやってきました。田辺さんはしゃがみ込んで泣いている私の隣に立ちました。

私 （私が何も言わないで飛び出したから、心配して探してくれたのかな、さっき酷い態度をとったのに申し訳ない）

そう思いながらもうまく言葉にすることができず、私は田辺さんを無視して泣き続けました。田辺さんはとても静かでした。

私 （……ちょっと静かすぎない？）

私は気になって田辺さんのほうをちらっと見ました。

田辺さんはメロンパンを食べていました。

　　私　　（え、何で？　今？　ここで？）

田辺さんが真剣な顔をして恵方巻のように無言でメロンパンを食べていたので、

　　私　　どうしたの？

と、私が思わず声をかけると、田辺さんは待ってのポーズをとってメロンパンを食べ終わりました。

田辺さん　そーりー。酒寄さん、これを。

田辺さんは持っていた袋から白い包みを出して私に渡してきました。開けるとメロンパンが入っていました。

田辺さん　最近、美味しそうだなってメロンパン見つけてさ、酒寄さん、メ
　　　　　ロンパン好きだからあげようって思って！

　　私　　田辺さん……。

田辺さん　だけど、まだここのメロンパン食べたことないからあげるなら
　　　　　ちゃんと味を確認してからのほうが良いと思って。

　　私　　だから今メロンパン食べてたの？

田辺さん　ええ。食べられる良い感じな場所が他になくてね。

田辺さんは「ちゃんと美味しかったわ！　良かった！」と笑顔で言いました。それから悲しそうな顔をしました。

田辺さん　酒寄さん、今日は私のせいでごめんよ。

　　私　　いや、田辺さんのせいじゃないよ。私こそごめん。メロンパンあ
　　　　　りがとう。

田辺さん　酒寄さんに、好きなメロンパン食べて元気になってもらいたく
　　　　　て！

田辺さんは「ここのメロンパン美味しいわよ！」と持っていた袋を持ち上げました。袋を見ると、私に買ってくれたメロンパンを出した後も、まだパンが入っていそうでした。

"あれ、田辺さん、もしかして普通にパンの買い物してからここに来たのか？"

　私が袋を見つめていると、視線に気付いたのか田辺さんは言いました。

　田辺さん　メロンパン、母親と弟の分も買っちゃった。味を確認してからとか言っといて、最初から多めに買ってるのうけるよね！

　田辺さんは自分の家族にもお土産のメロンパンを買っていたのでした。私は"田辺さん、普通に自分の食べたいパンを買っていて、私のメロンパンはついでだったのでは？"と邪推した自分を恥じました。

　私　田辺さんって優しいね。

　私がそう伝えると、田辺さんは言いました。

　田辺さん　うちの弟はよくつけ麺をお取り寄せするからね。メロンパンあげたらそれがもらえるって思ってるよ。

　田辺さん、思ってること全部言うじゃんって思いました。

パン屋さんに行こう。——準備編

　突然ですが、私の頭の中にはぼる塾の３人がいます。

　例えばパン屋さんに行ったときなどに３人は現れます。

田辺さん　酒寄さん！　パンのポップをチェックよ！　お店オススメの商品の確認よっ！

あんりちゃん　今の時間、焼きたてのパンがあるかもしれません!!　店員さんの声に耳をすませてみましょう！

はるちゃん　セブン-イレブンの蒙古タンメン中本のカップ麺、美味しかったですよ！

　こんな感じで３人は私の買い物をサポートしてくれるのです。

　しかし、最近思うことがあります。

私　（もしかして、私の脳内の３人と本物の３人にずれが生じている可能性もあるのではないか？）

　どうしてそう思ったのかというと、きっかけになることがありました。

　ある日、田辺さんから連絡がきました。

田辺さん　これから始球式で投げるよ。

　その日、ぼる塾はPayPayドームで福岡ソフトバンクホークスの始球式に登場し、田辺さんがマウンドに立って投げたのです。

　生きててそんなことあるんかい。

　いや、始球式で投げる人がこの世に存在することは理解できます（だって始球式があるのだから）。しかし、自分の友人が始球式で投げるなんて夢にも思わなかったのです。私の脳内のぼる塾は始球式に参加したことは

ありません。私の脳内で何でも自由にできる"脳内ぼる塾"の行動を本家が超えてきたのです。

> 私 （私の脳内ぼる塾のパン屋さんでのアドバイスも、全然違うかもしれない）

はるちゃんについてはだいたい当たっていると思うのですが、あんりちゃんと田辺さんの2人に対しては自信がなくなってきました。

> 私 そうだ！　3人に聞いてみよう！　実在するわけだし！

私はぼる塾の3人に、実際にパン屋さんに行ったらどう行動するかを聞いてみることにしました。

【田辺さんの場合】

> 私 田辺さんってパン屋さんに行ったときに気を付けていることってある？

> 田辺さん そうね、まず1周するわ！

田辺さんは、私がそのときに田辺さんが話していた、「田辺さんが高校生のとき、田辺さんのじいさんが食べ終わったご飯茶碗（ちょっと米粒がついている）にお茶をそそいで飲んでいたのがすごく嫌だった」という話を中断して質問をしてしまったにもかかわらず、快く答えてくれました。

> 私 まずどんなパンがあるか確認するってこと？

> 田辺さん そう！　まず何があるのか把握しないと！

> 私 私、手前にあるパンをすぐ取っちゃって、今日買う個数に到達した後で「こんなのあったのか！」ってなるときあるわ。

> 田辺さん それは避けたいからね！　それからしょっぱい系と甘い系はばらつきなく買いたいね。

> 私 バランス？

> 田辺さん そう！　何事もバランスが大事よ。

私　　ねえ、私だけかもしれないんだけどさ。

田辺さん　何かしら？

私　　初めてのパン屋さんって緊張しない？

田辺さん　**わかる！　初めてのパン屋は緊張する！**

私　　ね！　なんか緊張するよね！　作法とかあるんじゃないかって！

　私はこの「初めてのパン屋って緊張するよね」という共感によって、始球式で球を投げるくらいに遠くに行ってしまった田辺さんが、また私の知っている田辺さんとして戻って来てくれた気がして嬉しくなりました。

私　　あとさ、パン屋さんってお腹空いてるときに行っちゃうと欲望のままに買っちゃうからお腹空いてない状態で行くのが正解？　でもお腹空いてない状態のパン屋さんって本来の力を発揮できない気もするんだけど。

田辺さん　わかる!!　難しいよね!!　買うタイミング!!　やっぱお腹いっぱいのときは本気出せないね！

　私たちはそのテンションのまま、パン屋さんによく行くのは14時とか15時が多いという話になり、「昼ご飯も食べてそんなにお腹も空いていないのに14時から15時のパン屋に吸い込まれる。これは明日の朝用よっ！とか謎の言い訳までして入ってしまうのはなぜ？　という話もしましたが、結論は田辺さんの「不思議ね！」に着地しました。

私　　不思議か〜。

田辺さん　こればっかりは不思議としか言いようがないね。あ、あとさ、

私、　トングでパン取るとき「落としたらどうしよう」もあるわ！

　私は今までトングでパンを取るとき、「落としたらどうしよう」なんて思ったことはなかったのですが、このときの田辺さんの言葉が呪いとなり、パン屋さんに入ってトングでパンを取るたびに、落としたらどうしようと

思うようになってしまいました。

　その後、田辺さんは、

「今日デパートでお粉買ったんだけど、美容部員さんに『塗りすぎると大福になります』って言われて笑ったわ」

　と、大変貴重な体験談を教えてくれました。

【あんりちゃんの場合】

　ネタ作りの合間に、あんりちゃんに同じ質問をしてみました。

私　あんりちゃんって、パン屋さんで気を付けてることってある?

あんりちゃん　甘い、しょっぱいのバランスを大事にしますね。

　あんりちゃんは初手で田辺さんと同じことを言ってきました。あんりちゃんと田辺さんはぼる塾内で爆食モンスターズというユニットを結成しており、2人でパン屋さんによく行ったりしているので考え方も似てくるのかもしれません。

あんりちゃん　私、ちゃんと意識を持たないとしょっぱいパンばかり買ってしまうんです。

私　あんりちゃんしょっぱいパン好きだものね。

あんりちゃん　はい。2個しょっぱいのを買ったら甘いのを1個買わないと。バランスが大事ですからね。カレーパンとウインナーパンを買ったら1個メロンパンを添えるようにしています。

　あんりちゃんは甘いパンをまるでサラダのように言ってきました。

あんりちゃん　あ!　カレーパンといえば気を付けてくださいっ!!　私、パン屋でカレーパンを見つけたら、もう無意識に取ってしまうくらい大好きなんですけど。

私　うん。

あんりちゃん　目についたカレーパンを条件反射で取るじゃないですか!　そ

のときに、店員が、「ただいま、キーマカレーパン焼きたてです！」って言ってキーマカレーパンを並べだすんです!!　カレーパンが何種類もあるパン屋って結構あるんですよ!!　私はそれをカレーパンの罠って言ってるんですけど。

私　そういうときってどうするの？

あんりちゃん　まぁ、焼きたてに負けてキーマカレーパンも買っちゃうんですけど。カレーはかぶりますが、カレー大好きなんで問題ないです。それでキーマカレーパン取るじゃないですか。よく見たら私が最初にとったビーフカレーパンの隣にチーズカレーパンなんてのもあるんですよ。しかも……その後からウインナーカレードッグとか最終兵器みたいの出てきたりとかっ!!　全部食べたいけど、食べきれないのが一番良くないのでそのときは泣く泣く諦めました。

私　美味しく食べたいものね。あ、田辺さんにもあんりちゃんと同じ質問（パン屋さんで気を付けること）したら、まず店内を1周するって言ってたよ。

あんりちゃん　ああ、彼女は天才ですね。

　あんりちゃんは

「目先のカレーパンに負けずに周りをよく見ないといけませんね。視野は広く持つことが大事です」

　と強く頷いていました。

【はるちゃんの場合】

　私の中で、はるちゃんはあまりパン屋さんでパンを買うイメージはありませんでした。ですから、

私　お疲れさまです。ねえ、はるちゃんってパン屋さんでパン買う？

と、まずパン屋さんでパンを購入するのかという質問をしてみました。

はるちゃん　お疲れさまです。朝ご飯はちゃんと食べてますか？　買います
　　　　　よ！　おぼんパンパンに買っちゃう！　パンだけにね！

　はるちゃんからは、全校集会で校長先生が血迷ってやってしまった挨拶
みたいな返事が来ました。

　　私　朝ご飯はパンを食べたよ。はるちゃんはパン屋さんで買うときに
　　　　気を付けてることある？

　私の脳内のはるちゃんは、パン屋さんで中本のカップラーメンを薦めて
きます。

はるちゃん　うーんなんだろ？　自分の好きなパン買います！　塩パンが大好
　　　　　きで！　あったら必ず買っちゃうかも！　ぶどうパンも好き！

　　私　塩パンもぶどうパンも美味しいよ〜。

はるちゃん　明太フランスも好き！　シナモンロールも！　でもシナモンロー
　　　　　ルは買わない！

　　私　どうして？

はるちゃん　シナモンロールはカロリーを気にしちゃうの！　いやん！

　私はずっとはるちゃんの弱点を探していたので、

「はるちゃんの弱点　シナモンロールのカロリー」

　と、頭の中に記録をしました。

　　私　（はるちゃんは普通にパン屋さんでパン買ってたよ。パン屋さん
　　　　でカップ麺を薦める女の子じゃなかったよ。私ってば、はるちゃ
　　　　んを何だと思ってるんだろ）

　しかし、そのとき突然、はるちゃんがカップヌードル・チリトマトヌー
ドルを食べている田辺さんの写真を私に見せてきました。

はるちゃん　麺上げしながら目線こっちにくれたの！　可愛い！

　　私　あら、田辺さんは選ぶカップ麺もおしゃれね。

はるちゃん　カップヌードルのチリトマトめちゃくちゃ美味しいよね！

　田辺さんのこのサポート（？）によって、はるちゃん＝カップラーメン

は奇跡的にぎりぎり成立することができました。

　　私　そうだ！　はるちゃんは初めてのパン屋さんって緊張する？

　はるちゃん　緊張する！

　　私　はるちゃんも緊張するんだ！　私もよ！

　はるちゃん　緊張する！　いろんなパンにお出迎えされて、私はパンにどん
　　　　　な気持ちで見られてるのかなって！

　　私　私も！　じゃなかった！　思ったことねーよ！

　私ははるちゃんのことが全くわからなくなりました。

　結論は、脳内ぼる塾と本物のぼる塾は、はるちゃん以外はだいたい当
たっていたという私の予想と真逆の結果になりました。

　……と、ここまで書いて私は一体何を書いているんだろうと思いました。
脳内ぼる塾？　夏の暑さにやられたのでしょうか？　しかし、この話は
続きます。

\BORUJUKU LIFE/

パン屋さんに行こう。——実践編

ある日のことです。用事があり、私は1人で町を歩いていました。

私 （そうだ！ せっかく脳内ぼる塾をアップデートしたし、実際にパン屋さんに行ってアドバイス通りに買い物してみよう！）

付近に私がずっと気になっていたパン屋さんがあったので、入ってみることにしました。

私 （昼ご飯はもう済ませちゃってるけど、明日の朝用のパンは必要だから）

誰も何も言っていないのに、私はパン屋さんに入る言い訳をして入店しました。時間は14時半ごろ。偶然ですが、以前田辺さんと話していた「昼ご飯も済ませてお腹は空いていないのになぜか14時から15時ごろパン屋に吸い込まれる」理論の時間でした。

私 （またこの時間に吸い込まれた……不思議だ……）

脳内田辺さん 本当に！ 不思議よね！

店に入った途端、脳内田辺さんが現れました。

脳内田辺さん 酒寄さん！ まずは何があるのか確認よ！ 1周するのよ！

小さくかわいらしい店内にはたくさんパンが並んでいます。狭いお店ですが店内に私しかいなかったので1周してからパンを取っても問題はなさそうでした。しかし、手ぶらでうろつくのも変かと思い、

私 （トングとトレーは持っておくべきよね？）

私はトングとトレーを持とうと手を伸ばしました。

脳内田辺さん やだ、トングでパン取るとき落としたらどうしよう！

238

　私は今までトングでパンを落としたらどうしようと考えたことはなかったのですが、準備編で田辺さんに言われた、「トングでパンを取るとき落としたらどうしようって思う」という一言によって意識してしまい、いらないプレッシャーを抱えることになりました。これは今回の脳内ぼる塾アップデートの改悪部分だなと思いました。

　トングとトレーを持ってパンを見ようとすると、スタート地点にクリームパンが並んでいるのが目に入りました。

　　私　　（落とさないように気を付けないと……）

　私は気が付いたらクリームパンをつかんでトレーに乗せていました。

　　私　　（しまった！　とりあえず店内を１周しようと思ったのに、早
　　　　　速パンを取ってしまった！）

　脳内田辺さん　酒寄さん！　見て！　このクリームパン！　冷やしても美味し
　　　　　いです！ってわざわざポップで書いてるってことはこの店の推
　　　　　しパンよ！　だから買って正解よ！　このパンを取らずに１周
　　　　　なんてしたら馬鹿だよ！

　　私　　（そうだよね！　馬鹿だよね！）

　私は脳内田辺さんに自分に都合の良いせりふを言わせ、脳内田辺さんが元々言っていたアドバイスを消し去りました。

　　私　　（実際の田辺さんも「最近コンビニのお菓子食べなくなった
　　　　　わ」って言いながら、その手にじゃがりこ持って食べるような人
　　　　　だしね）

　気を取り直して並んだパンを見ていくと、きんぴらごぼうのおやきみたいなパンがありました。

　　私　　（お、おやきのパンだ！　買おう！）

　最近、私の中でおやきみたいなパンのブームがきているのです。

　脳内あんりちゃん　酒寄さん！　視野を広く持ちましょう！

　そのとき、脳内にあんりちゃんが登場しました。

私　　（視野を広く？）

　脳内あんりちゃん　おやきのパンならきっと種類があるはずです！　カレーパンに
　　　　種類があるように！

　私が周りを見てみるときんぴらごぼう以外にも高菜や枝豆のおやきのパ
ンがありました。

　　　私　　（本当だ！　おやきのパンには種類がある！）

　脳内あんりちゃん　ポップを読んでみましょう！　枝豆は夏限定で店のオススメみ
　　　　たいですよ！

　私はトングで落とすことを恐れながら、枝豆のおやきのパンをトレーに
乗せました。

　　　私　　（さすが、あんりちゃん。脳内でも仕事ができる）

　そのとき、シナモンロールが目に入りました。脳内はるちゃんが現れて
言いました。

　脳内はるちゃん　シナモンロールはカロリー気にしちゃう！

　　　私　　（確かに美味しそうだけどカロリー気にしちゃうね）

　私はシナモンロールは諦めました。私にシナモンロールを諦めさせて脳
内はるちゃんは消えました。

　　　私　　（あ、店のパンの人気ランキングだって！）

　店内の壁を見てみると、パンの人気ランキングが貼ってありました。

　　　私　　（参考にしよう！　えーっと……１位は食パン！）

　脳内田辺さん　あんた、今日の午前中にスーパーで食パン買っちゃってるじゃな
　　　　い！　悔しいね〜！　やっぱりパン買いに行くタイミングって
　　　　難しいね〜！

　私のミスに脳内田辺さんが悔しがってくれました。自分以上に悔しがっ
てくれる人がいることによって私のダメージは少し軽減されました。

　　　私　　（気を取り直して……あ、ここ、サンドイッチも美味しそう。昼
　　　　ご飯とか、すぐ食べるときならサンドイッチ良いね。あ、パク

チーのパンだって。今度来たら買おう）

脳内あんりちゃん パクチー!?

再び脳内あんりちゃんが登場しました。

脳内あんりちゃん この前、田辺さんとご飯に行ったんですけど。

脳内あんりちゃんは続けました。

脳内あんりちゃん 入ったお店で、田辺さんにここのブリトー美味しいよ！って言われて、私はサラダとブリトーにしたんです。

脳内のあんりちゃんは、最近私があんりちゃんから聞いた話をそのまま話し始めました。

脳内あんりちゃん 私がサラダを食べようとしたら、パクチーが入っていたんです。私パクチーが苦手なんですけど、よく見たら結構な量のパクチーが入っているやつ注文しちゃってたんです。我慢して食べるにはきついくらい入っていて、結局サラダは田辺さんに食べてもらったんです。

私はそういう日もあるよねっと、心の中でうなずきました。

脳内あんりちゃん でも私にはブリトーがあるし、サラダは仕方ないって思ってブリトーを食べたら、まさかのパクチーが入っていて。

私はクリームチーズとイチジクのベーグルを落とさないようにトングで持ってトレーに乗せました。私は以前何も考えずにパンを買ったとき、全てのパンにイチジクが入っていたことがあるくらいイチジクに弱いのです。

脳内あんりちゃん 田辺さんは、私がパクチー苦手なの知っているはずだから「何でパクチーが入ってるもの薦めるんですか！」って文句を言ったら、「私、今までここで何回もブリトー食べてるけど、パクチーが入っていたことないわよ！」って言ったんです！　田辺さんも同じブリトーを頼んでいたので中を調べたらパクチー入ってなかったんですよ!!　奇跡的に私のブリトーだけ、間違えてパクチーを入れて作っていたみたいなんです!!　そうしたら、私に対

するパクチーの短時間の攻撃に田辺さんがめちゃくちゃ笑いだして。田辺さんって人の不幸を喜ぶところがあるじゃないですか。

私　（確かに田辺さんは人の不幸を喜ぶところがある）

　私は美味しそうなパンたちを眺めながら、人の不幸を喜ぶ田辺さんのことを思い出しました。

　以前、あんりちゃんが携帯電話をなくしたときのことです。あんりちゃんがご飯を食べていると、田辺さんは「今、こんなに美味しそうにご飯食べてるけど、あんりは携帯電話をなくしているのよね」「今、こんなに全力で突っ込んで笑いを取ってるけど、あんりは携帯電話をなくしているのよね」と、全てを携帯電話の紛失に絡めてきて、その場を台無しにしてきたことがありました。

脳内あんりちゃん　そんなことがあったその日の夜、再び田辺さんとご飯を食べに行ったんです。

　私は脳内あんりちゃんの話を聞きながら、落とさないだろうかと不安に駆られながら、いくつかのパンをトングでトレーに乗せました。

脳内あんりちゃん　そのときも田辺さんはまだしつこく昼間の私のパクチーを笑っていたんです。

　私はレジに向かいました。私はレジ直前で「あ、チョコチップスコーンもあったのか！」と思いましたが、しかしすでに購入する予定のパンの個数分をトレーに乗せていたので泣く泣く諦めました。そのとき、脳内はるちゃんが現れました。

脳内はるちゃん　おぼんパンパンに買っちゃう！　パンだけにね！

　脳内はるちゃんはそれだけ言って去っていきました。

店員さん　ありがとうございます！　〇〇円になります。袋はご利用ですか？

私　あ、袋は持ってます！

　レジで会計している私に脳内あんりちゃんは言いました。

脳内**あんりちゃん**　田辺さんはメニューを選んでるときもずっと昼間の私のことを笑っていました。そしたら、田辺さんが頼んだサラダに虫が入っていたんです!!　田辺さんって悪さすると必ずバチが当たるんですよっ!!　しかもすぐにっ!!　やっぱり神さまっているんですよっ！

　すると続いて脳内田辺さんが現れて言いました。

脳内**田辺さん**　しかも会計のとき、私の番でレジが壊れたの！　なかなか会計ができなくて困ったわ！

　私は「店に迷惑がかかるバチだな」と思いながらパン屋さんを出ました。

寿司チャンス

　私には謎の自分ルールがいくつかあります。

　その一つに寿司があります。私にとって寿司は特別なごちそうであり、お祝い事がないと食べてはいけないというルールを決めています。いつから決めたのかはわかりませんが、気が付いたらそうなっていました。

　何でもない日には"寿司が食べたい……でも今日は別にお祝い事がない!!　駄目だ!!"と苦しんでいます。

　別に誰かに言われたわけではなく、勝手にやっていることなのでいつ食べてもいいのですが、「赤信号は止まるレベル」で守っています。

　以前、私と田辺さんと同期の子でご飯を食べる機会がありました。どこに行こうかという話になり、その同期の子は外食といえば回転寿司というくらい回転寿司が好きな子だったので「回転寿司にしない？」と言われたのですが、

「今日は特にお祝い事がないので寿司は食べられない。このルールに2人を巻き込むのは申し訳ないから私は帰る」

　と断ると、

「間を取ってラーメンにしましょう！」

　と、田辺さんらしいフォローを入れてもらったことがありました。

　私のこの寿司ルールは、「何食べたい？」と聞かれ、「何でもいい」と返事することに続く迷惑行為かもしれません。

　私が寿司を食べようと思ったら、誕生日や正月などのお祝い事があるか、自分が何か手柄を立てるか、実家に帰ったときにうまく親が寿司を頼む方

向に誘導するしかありません。

　そんな私（どんな？）が、2021年12月17日に初めての著書『酒寄さんのぼる塾日記』（この本の前作）を出版することになりました。

"あれ？　これはめでたいことだよね？　……寿司チャンスだ！"

　まだ発売はされていませんが、本の予約がスタートしていたので寿司を食べても問題はないだろうと思いました。私はずっと気になっていたくら寿司のお持ち帰りを試してみることにしました。

　私の中で持ち帰り寿司は「雅」「宴」「華」などの名前がついて、価格別に店が決めた固定の寿司が入っているイメージでした。しかし、今はお店で食べる回転寿司と同じように、自分が食べたい寿司を単品で注文できるようになっているのです。

"ここから全部選べるの？　どれにしよう！"

　私は久しぶりに自分で決める寿司にわくわくしました。そして、悩みに悩んでなんとか決めました。

"……よし、これが最終決定！　しかし、この結果は自分でも驚きだわ"

　何に驚いたかというと、私は寿司を選ぶときには昔からずっと固定のレギュラーメンバーがいて、回転寿司では一応迷うけど毎回ほぼ同じものを食べることを繰り返していました。

　しかし、今回は1ネタを残してレギュラーメンバーの入れ替えが起こったのです。

　それから私は寿司を買ってきて食べました。そして食べ終わりました。

"美味しかった！　やっぱり寿司は美味しい!!　そうだ！　田辺さんに伝えよう!!"

　私はすぐに田辺さんに伝えようとするところがあります。早速田辺さんにメッセージを送りました。

　　私　　お疲れさまです！　田辺さん！　まだ発売はされていないけど
　　　　　私の本の予約はスタートしたじゃない？　これはめでたいことだ

よね？　だからさ、これは寿司チャンスか？　と思って、初め
てくら寿司のテイクアウトしたよ！

　田辺さんにまで寿司を食べることを正当化するための前置きをする自分
が嫌です。

　私　それで、単品を選ぶ買い方にしたよ！　私、パックとか中身が
　　　決められた寿司はここ１年でも食べていたけど、選んで食べる
　　　のは数年ぶりでさ。久しぶりに自分で選んだら、えんがわ以外レ
　　　ギュラーメンバー総とっかえの結果になったんだけど！　びっ
　　　くり！

　すぐに返事がきました。

　田辺さん　何にした？？
　私　　選抜メンバーを発表します。
　田辺さん　お願い。
　私　以下、私が今回選んだ寿司です。えんがわ。今回唯一、数年前か
　　　らのレギュラーメンバー。好き。あじ。光り物から初めての選抜
　　　入り。パック寿司の強制的メンバーだったけど食べて美味しかっ
　　　たから。ねぎまぐろ（ネギトロ）。どうしても寿司が食べたいと
　　　きにずるして"これは海鮮丼だから寿司ではない"として食べた
　　　海鮮丼に入っていて、ここ１年でその美味しさに気付いた。赤
　　　貝。何か貝の食感が欲しくて。かんぴょう巻き。今日の朝、たま
　　　たまかんぴょう巻きが出てくる漫画を読んで美味しそうだったか
　　　ら。あんこうあん肝添え。せっかくなら200円台の寿司も何か食
　　　べたかったから。あん肝添えという言葉に背中を押された。以上、
　　　この６皿です！。

　田辺さん　かんぴょう！　入れたことなかったわ！　好きだけど！

　私はこの発表を聞いた田辺さんが、かんぴょうについて触れてくれない
かなと思っていたので、第一声がかんぴょうで、さすが田辺さん！　と

思いました。

私　私も選んで食べたのは初めて！　美味しかった！　良い変化球になった！

田辺さん　私だったら、いか、アナゴ、サーモン、えんがわ、そしてネギトロも！　あれは外せないよ！　ネギトロ大好き！　ちなみに、酒寄さんの以前のレギュラーって何？

私　今までなら、えんがわ、いくら、うに、ホタテ、サーモン、マグロ……ごくたまにマグロ部分を変えて遊んでたわ。

田辺さん　良い遊び方だね。

私　田辺さんは何年もレギュラーブレない？

田辺さん　ブレないね！　あいつら強いから！　でもかんぴょうって発想良いね。

私　ありがとう。しみじみ美味しかったよ。かんぴょう巻きって寿司屋より和菓子屋で買うイメージあったんだけど、くら寿司のも美味しかったわ。

田辺さん　わかる！　和菓子屋で買う！　地元にかんぴょう巻きの美味しい店あるのよ！

私　え、食べてみたい！

田辺さん　食べて欲しい！　酒寄さん倒れるよ！

田辺さんは私のことをよく倒そうとしてきます。

私　でも、今回レギュラーの入れ替えがあって、寿司ってどのネタも結果美味しいんだなって思ったよ。田辺さんもたまには違うネタ食べてみなよ！

田辺さん　あ、レギュラーブレないって言ったけど、最近食べたスシローのラーメンと手羽先がめちゃくちゃ美味しかった！

私　え！　回転寿司のメニューにある寿司じゃない食べ物だ!!　回転寿司のラーメンってまだ食べたことない！

田辺さん　あんりが薦めてくれたの！「田辺さん……気分じゃなかったら
　　　　　いいんですけど、手羽先美味しいですよ！」って！　そしたら
　　　　　カリっとふわふわだった！　ラーメンは噂で聞いたって！　食
　　　　　べたら美味しかったよ！　これはレギュラー入りかもね。

私　　　ってことはレギュラー入れ替え？

田辺さん　えっ!!　誰も落としたくない!!　全員合格させたい！　でも泣く
　　　　　泣くネギトロかな。

　田辺さんはなぜか大好きと言っていたネギトロを落としていました。

　数日後。

私　　　あの日からかんぴょう巻きが忘れられない。

　私たちはまた寿司の話をしていました。

田辺さん　かんぴょうにそんな中毒性が!!!

私　　　田辺さん、かんぴょう巻きは1回食べたら置くタイプ？

田辺さん　1回食べたら置くね！　昨日もスシロー行ったけどあん肝とか
　　　　　白子とかイカを食べてかんぴょうには目もくれなかったよ。

私　　　かんぴょうに対して良い目の付けどころしてる！って褒めてく
　　　　　れたのに。

田辺さん　いや、かんぴょうは食べないよ。

私　　　何で褒めたのさ。

田辺さん　かんぴょうは食べない。

私　　　かんぴょう好きって言ってたじゃん！

田辺さん　好きよ！　かんぴょうはね、誰かが買ってきたかんぴょうが家
　　　　　にたまたまあったのを食べるのが一番美味しいの！　ラッキー
　　　　　かんぴょう待ち。

　ラッキーかんぴょうという単語は初めて聞きましたが、なんとなくその
美味しさを理解できる自分が悔しかったです。

　私　　というか田辺さんスシローめちゃくちゃ通ってない？

田辺さん　気のせいよ！　たぶんね！

　私　　スシローのかんぴょうも食べてみたいな。ラッキーかんぴょうを
　　　　待たずに私はもう食べたいよ。あの懐かしい味。遠くでおばあさ
　　　　んが手を振ってる味がする。

田辺さん　それはなんかわかるわ！　しかも本当の自分のばあさんじゃな
　　　　いのよね！　知らないばあさんが手を振ってくれてる！

　私　　そう！　あの人、誰なんだろう？

田辺さん　あの人はみんなのばあさんだよ！

結局誰なのかわかりませんでした。

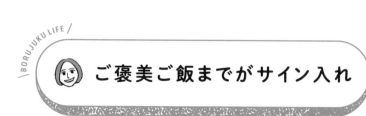

ご褒美ご飯までがサイン入れ

　ある日、ぼる塾のマネージャーさんから連絡がありました。

「お疲れさまです。書籍のサイン入れのスケジュールですが8日に12時から神保町でお願いします！」

　本を発売することになった私は、初めて本のサイン入れをすることになりました。

マネージャー　100冊分、サインお願いします！

　私は、サイン入れをするということは、一体どんな感じなのか気になったので、"そうだ！　田辺さんはサイン本制作の経験者だった！　田辺さんにどんな感じか聞いてみよう！"と、スイーツ紹介本を発売しており、サイン本制作の経験者である田辺さんに聞いてから挑もうと考えました。

　私　田辺さん、サイン100冊分書いたとき、どれくらい時間かかった？

田辺さん　私は1時間くらいでいけたよ！

　その連絡を取る前日、田辺さんと私は

　私　やばい！　今日1日、田辺さんとじゃがいもの話しかしてないんだけど！

田辺さん　うけるね！　でもじゃがいもにも3Lサイズがあるって知って、私はよかったわ！

　と、じゃがいもの話しかしていなかったので、久しぶりにじゃがいも以外の話をする良いきっかけになりました（じゃがいもの話は、祭りのじゃがバターの大きいじゃがいもはどこで手に入るのかから始まり、気が付い

たら田辺さんの道案内でじゃがいもの森に迷い込んでいました)。

> 私　今度の水曜日、12時から神保町で本のサイン入れするんだけど、謎に緊張しちゃって。手は痛くなった？

> 田辺さん　なった！　最近文字書いてないことを実感したわ！　あと、"まぁね〜"って書き続けたら「あら？　"まぁね〜"って本当にこんな文字だったかしら？」って"まぁね〜"がわからなくなったわ！

> 私　"まぁね〜"のゲシュタルト崩壊だね！　何か経験者としてアドバイスってある？

> 田辺さん　12時からなら絶対にサイン終わってから昼ご飯にしな！　ご褒美があったほうが頑張れるよ！

田辺さんらしい視点からアドバイスをくれました。

> 田辺さん　先に昼ご飯食べて行っちゃうと、もう頑張る目標がないしやる気出なくなっちゃうよ！　だから絶対昼ご飯は後でしな！

> 私　確かにお腹いっぱいで作業したらミスしそう。

> 田辺さん　神保町なら丸香に行って欲しい。

> 私　丸香って聞いたことある気がする。名前的にうどん？

> 田辺さん　そう！　うどん!!　マジ美味しい!!　きつね!!　かしわ天マストで!!　昼ご飯は丸香にしな！

田辺さんはサイン入れ終わりのご褒美ご飯にまでアドバイスをしてこようとしました。しかし、神保町はたくさんの美味しいご飯屋さんがあります。そして、昔と違ってなかなか神保町自体に行けない私にとっては、かなり重要な1食となるので、すぐに「うん！　そうするよ！」と約束することはできませんでした。

> 私　久しぶりにエチオピアのカレーもいいなーって思ってる。

> 田辺さん　エチオピアはテイクアウトできるから。ここはうどんにしてエチオピアは帰りにテイクアウトしなよ。

私　神保町のカオマンガイも気になってるんだよね。まだ食べたこと
　　　　ないから。

田辺さん　あ！　カオマンガイ美味しいよ！

　　私　カオマンガイ、神保町の劇場から近い？

田辺さん　カオマンガイもうどんも近いよ！

　田辺さんがあまりにもうどんを潜り込ませてくるので丸香をインター
ネットで調べてみると、とても美味しそうな写真が出てきました。

　　私　美味しそう！　田辺さんが好きな透き通ったかけ出汁だね！

田辺さん　そう！　私が「この出汁みたいに澄んだ心になりたい！」って
　　　　よく言ってるタイプのお出汁なの！

　　私　釜玉カルピスバターなんてメニューもあるんだね！

田辺さん　そうなの！　嬉しい悲鳴よね！

　田辺さんが嬉しい悲鳴をあげてしまったので（？）、こっそり裏で「神
保町」スペース「カレー」と「神保町」スペース「カオマンガイ」も調べ
ていることは伏せてこの日は終わりました。

　数日後。田辺さんに「今日は何か楽しいことあった？」と聞くと、

田辺さん　酒寄さんの本でお世話になっている社員さんにあったよ！

　　私　え！　Ｂさんに！

　Ｂさんは私に「本を出しませんか？」と声をかけてくださった方で、
本を二人三脚で作ったと言っても過言ではないくらい大変お世話になった
社員さんです（Ｂさんは原稿チェックであまりにずっと田辺さんが出て
くるので田辺酔いをし、仕事のメールの宛名を「田辺様と何度も書き間違
えてしまう」という悪影響が出てしまったそうです。申し訳ないです）。

田辺さん　サイン入れのお手伝いに行くって言ってたよ！

　　私　あら、ありがたい！

田辺さん　あのさ、ここだけの話なんだけどさ……。

　私は田辺さんがBさんから何か裏情報でもこっそり仕入れたのかと思いました。または、「酒寄さんのサイン本、よく考えたら100冊じゃなくて5冊くらいで良いと思いませんか？」などと、田辺さんに相談していたらどうしようかと不安になりました。

　　私　　え、何？　言って！

　田辺さん　たぶんBさん、差し入れにかんぴょう巻きくれるよ。

　田辺さんのここだけの話は私の想像ではたどり着けないものでした。

　田辺さん　酒寄さんにかんぴょう巻きを差し入れしても大丈夫かなって心配してたの。だから喜びますよって言っておいたよ！

　　私　　うん、嬉しいけど。

　田辺さん　伊勢丹で探すって言ってた！　伊勢丹でかんぴょう巻きあったらかんぴょう巻きの差し入れが入るよ！

　もし、伊勢丹にかんぴょう巻きがなかったり、Bさん自身に何かトラブルがあってかんぴょう巻きを持って来れなかったとき、私が知らなければそのまま気が付かないで過ごせたのに、田辺さんからうっかり伊勢丹のかんぴょう巻きをもらえるという情報を聞いてしまったばかりに、「何でもらえないんだろう……」とちょっと落ち込んでしまうだろうから、どうしてくれるんだと思いました。

　田辺さん　うどん食べて帰るから、かんぴょう巻きは持って帰って食べたら良いよ！

　田辺さんの中ではうどんまでがサイン入れに入っているようでした。

　　私　　私、地図が苦手だからうどんの場所調べたけどちょっとわからなかった。

　田辺さん　うどんわかりやすいよ！　ミニストップの向かいの道だよ！

　すぐに田辺さんから画像が数枚送られてきました。それはうどん屋さんの付近のGoogleマップを拡大したものでした。

　　私　　地図？　……はっ!!

その地図はGoogleマップをスクリーンショットして、その上から田辺さんが手書きで私にもわかるように行き方を書き足した田辺マップでした。
　田辺さんの丸文字で「この矢印の方向に昔ヴィレッジヴァンガードがあった」と、地図には載っていないけど私にも覚えがある神保町の場所が書き込まれていました。

　私　田辺さん！　こんなに丁寧に!!　ありがとう!!
　田辺さん　かなりの人気店で列ができてるから行ったらわかるよ！　でも、列はあるけど、うどんだから回転速いよ!!

　田辺さんは列がマイナスイメージだと思ったのか、私は特に何も言っていないのに、すぐに自分の失言をうまくカバーしていました。

　サイン入れ当日はあいにくの雨でした。少し早めについた私は、田辺マップを駆使してうどん屋さんの場所を探してみることにしました。田辺マップのおかげで、すぐにうどん屋さんを見つけることができました。
　雨の日でしたが、とても人気があるのか昼ご飯にはまだ少し早いのに列ができていました。
"本当に人気店なんだな"
　場所を確認した私は、
"今日は米の気分だからまた今度来よう。雨の中並ぶのも嫌だし"
　と、心の中で呟いてサイン入れに向かいました。
　サイン入れはBさんの協力もあって、スムーズに行うことができました。終わりにBさんが
「あの、これ良かったら食べてください！　差し入れのかんぴょう巻きです！」
　と、サプライズで伊勢丹のかんぴょう巻きをお土産にくれて、
「え、いいんですか!?　わー！　嬉しいです!!」
　と、私は今初めてかんぴょう巻きをもらえることを知った演技をしてし

まい、今まで手伝ってくれたBさんを欺いているような気持ちになって心が少し痛みました。

　Bさんと別れて、私は早速ご褒美ご飯を食べようと動きました。

"さて、カオマンガイにしようか、カレーにしようか"

　そのとき、私はBさんがサイン入れをしながら教えてくれたことを思い出しました。

　Bさん　そうそう、この前田辺さんに会ったんですよ。

　私　あ、田辺さんから聞きました！

　Bさん　スイーツの対談のお仕事だったんですけど、いきなり、「今度、相方の酒寄さんが本を出すんです！　その本にはぼる塾のことがたくさん書かれていて、中でも私のことがたくさん書かれていて！　もはや私の本なんです！　ぜひ、たくさんの人に読んでもらいたいです！　お願いします！」って、宣伝してくれてましたよ。本当にそのときの仕事と全然関係ないので、話の流れをぶったぎってました。

"……田辺さん"

　気が付いたら私は雨の中うどん屋さんの列に並んでいました。

　店員さん　おあとは1名様？

　私　はい！

　店員さん　手前のお席どうぞ。

　田辺さんの教えてくれた通り、うどんは回転が速くすぐに座ることができました。

　私　かけうどんとかしわ天で。

　店員さん　かしこまりました。

　混んでいましたが、すぐに店員さんが運んできてくれました。

お待たせしました。かけうどんとかしわ天です。

　"わー、うどんの出汁がきれいに透き通ってる。かしわ天も胸肉ともも肉の両方だなんてすごい！"

「いただきます……」

　"うまっー!!!　うますぎっ!!!　すっごい!!!"

　田辺さんを信じて良かったです。

　でも田辺さんお薦めのきつねを頼むのを忘れたので、また行こうと思います（そして伊勢丹のかんぴょう巻きもとても美味しかったです）。

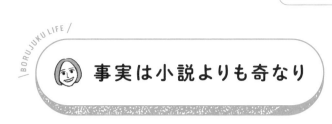

事実は小説よりも奇なり

　私はいつか小説を書いてみたいとずっと思っていました。しかし、小説を書こうとするとどうしてもうまくいかず、途中どころかいつも出だしで挫折していました。

　そんなとき、私自身に小説のような出来事が起こりました。この実際にあった出来事をそのまま小説にしたらどうかと思い、書いてみることにしました。

『若い男』

　ある日、私は息子を連れて行ったことのない公園に入った。

　もう夕方に近い時間だったからか、周りにはベンチに腰かけているおじいさんが1人、また別のベンチでお喋りをしているおばあさん2人組がいるだけだった。遊具を独占できた息子は大はしゃぎだった。

息子「見て～！」

私「ああ、すごい、すごい～！」

　私たちが遊んでいると、公園に一人の若い男がやってきた。その男は竹ぼうきを持っていた。

男「ここには！　埋蔵金が埋まっている!!」

　男は公園について早々、大声で叫んだ。

男「ここには埋蔵金が埋まっているんだ！　オレはそれを探しに来た！」

男はそう言って、「ここか!?　ここか!?」と、辺りを竹ぼうきで掃き始めた。私はそれを見て、

私（埋蔵金って竹ぼうきで掃いたら出てくるくらい浅く埋まっているものなんだろうか）

　と、男の発掘方法に対して余計なお世話なことを考えていた。

私（金属探知機とか、ショベルカーとか必要なんじゃないの？　せめてスコップを……竹ぼうきって、息子の持っているお砂場セットのスコップのほうがまだ掘れるよ）

　しかし、男には男の考えがあるのか、公園中を竹ぼうきで掃き続けた。埋蔵金は見つからなかったが、公園内が少しキレイになった。

息子「ママー！　見てみて！」

私「ああ〜すごいね！」

　そのとき、私だけではなく、その若い男も息子を見た。男は初めて私たち親子の存在に気が付いたようだった。そこからは早かった。男はすぐに私と息子に近づいてきた。

男「知っているか？　ここには埋蔵金が埋まっているんだ！」

　男は私に話しかけてきた。

私「あ、そうなんだ」

男「協力してくれ。オレは金持ちになりたいんだ」

私「え!?」

男「オレは金が好きなんだ！　金金金金かねかねかねかねかね！」

　男はひぐらしがかなかなかなと鳴くようにかねかねかねと連呼した。

男「埋蔵金探しに協力してくれ！」

息子「ママ〜見て！」

私「わ、すごいね〜！　ごめんなさい、そろそろ帰らなきゃいけないから」

　私は息子を褒め、それから男に謝罪した。男は不服そうな顔をした。

男「帰らなくて良い！　そうだ！　一緒に冒険に出よう！　宝探しの旅
だ！　一緒に金持ちになろう！」
私「え!?」
男「オレと冒険に出よう！」
　そう言って、男は私の腕を掴んだ。

　……私はここまで書き終えてＢ塾のＴさんに「これ実話なんだけど小
説にできると思う？」と、文章を送った。Ｔさんから「読むね！」と連
絡がきて、そのまま読み始めてくれたのかすぐに感想が送られてきた。
Ｔさん「怖すぎる!!　大丈夫だったの!?」
私「この若い男って幼稚園児なんだよね。」
田辺さん「まさかのｗｗｗ」

【おわり】

私と夫

　私には夫がいます。

「酒寄さんの旦那さんってどんな人ですか？」

　たまに聞かれることがあります。最初に思い浮かぶのは、昔アルパカ牧場に行ったとき、1人だけアルパカに唾をはきかけられていた夫の姿です。

「私の夫はアルパカ牧場で1人だけアルパカに唾をはきかけられるような人です」

　これだけだと夫の紹介なのか私の性格の悪さの紹介なのかよくわからないので、夫の素敵な部分も紹介します。ある日、出かけていた夫が帰宅して言いました。

夫　さっき玄関開けたら蝉が自分めがけて飛んできて、わ〜って思わず声出しちゃったよ。生まれて初めて声出して驚いたかも。

　それを聞いた私はとても感心しました。

私　（それはすごい。私なんてすしざんまいの社長の等身大パネルを本物の人間だと思って『うおあっ!!　あ〜びっくりしたっ!!　パネルか…』とすしざんまいだけで何回も声出して驚いているのに）

私　それはすごい。かなり落ち着いて生きていますね。中々できることじゃないですよ。

夫　そうかな？

　私は力強く「そうです」と伝えました。なぜなら、この話を聞く直前にぼる塾4人で集まる機会があり、はるちゃんが「生まれてから一度もカップヌードルのカレー味を食べたことがない」と衝撃の告白をし、私とあん

りちゃんと田辺さん3人で、

　3人　　え〜まじで〜!?

　と、大声を出して驚いていたのです。こんなことがあったので、夫が私を含めて周りの人（あんりちゃん、田辺さん比較）より落ち着きのある存在なんだなと思いました。

　夫が落ち着いて生きてくれることで、生き急ぎやすい私は助けられることが多々あります。

　ある日、私は突然ものもらいになってしまったことがありました。最初は軽く見ていたのですが、病院でもらった薬を飲んでも良くならず、むしろ悪化していきました。

　そのとき私にインタビューの仕事が入っていたり、翌週にぼる塾4人で撮影の仕事があったりと、とても楽しみにしていた時期だったので最悪のタイミングでのものもらいでした。

　私は鏡の前に立ちました。目が腫れて人前に立つ顔ではない自分を見て、号泣してしまいました。

　私　　わあああああああああああああああああああああ。

　夫　　どうした!?

　驚いた夫が駆けつけてきました。

　私　　ものもらいが！　何で！　こんなタイミングで！

　夫　　痛そうだね。明日また病院に行こう。

　私　　普段、なんともないのに、何で、今、そうだ、天罰だ、天罰がくだったんですよ！

　夫　　天罰なんかじゃないよ。違う。偶然。

　私　　天罰がくだったんです！　私みたいなもんがぼる塾として活動しようとするから！

　夫　　あなたは最初から大事なぼる塾のメンバーだよ。

私	そうだ天罰だ！　私なんて必要ないよって！　天罰！
夫	天罰なんて言っちゃ駄目だよっ。

夫は大声をあげる私に対し、静かに言いました。

夫	天罰なんて言ったら、あなたを応援してくれているファンの人が悲しむよ。
私	でも、こんなタイミングで、普段はものもらいなんてなったことないのに。
夫	偶然だよ。そういうときもある。天罰じゃない。偶然。
私	私がぼる塾として楽しそうにしたから、天罰が……。
夫	ファンの人はあなたがぼる塾の一員として楽しくしているのが、きっととても嬉しいよ。
私	……。
夫	あなたを応援してくれている人がたくさんいる。あなたは自信を持ちな。
私	……そうですかね？
夫	オレだってそうだよ。
私	……え、
夫	だって、もし、ヤクルトスワローズの選手が大事な試合の前に体調を崩して、「これは天罰だ！」なんて言ったら、オレはとても悲しい。

夫はヤクルトスワローズの大ファンです。私のファンではありません。

このように、私が大騒ぎするとき、常に冷静でいてくれるのでとても助かります。他にも夫と歩いていて「ここ美味しかったですね」と私が言い、

夫	ここオレじゃなくて田辺さんと行っているよ。
私	やだ、ごめんなさい。
夫	いや、別に謝ることじゃないよ。
私	……。

　ということがあり、謎に田辺さんが元カレみたいになっているときも許してくれました。

　こんな風に普段冷静で穏やかな夫が新たな一面を見せたことがあったので、今回はその話をしたいと思います。めちゃくちゃ前振りが長くなりましたがここからが本当に書きたかったことです。
　ある日の夜、眠っていた私は騒音で目が覚めました。

　　私　……？

　薄っすら目を開けると夫が何かを話しています。しかし、よく見ると夫は寝ていて、寝言のようでした。

　　夫　……ふざけんなよ！

　夫は攻撃的な寝言を放っており、起きているとき、アルパカから唾をはきかけられて逃げまどっていた彼とは別人のようでした。

　　夫　馬鹿野郎がっ！　くそっ！

　夫はいつもとても大人しく優しい心の持ち主なので、こんなに怒っているのを見たのは出会って初めてでした（夫はヤクルトスワローズが試合で負けているときも怒るよりも悲しい顔をします）。

　　夫　おいっ、てめーっ!!

　夢の中ですが、彼をここまで怒らせているのは一体何なんだろうと思いました。夫は怒り過ぎて苦しそうでした。

　　私　（こんなに怒っていたら寝ていても疲れ取れないよね？　これ
　　　　は一回起こしたほうが良いやつ？）

　怒りに顔を歪める夫の顔をのぞくと、彼は口を開いて言いました。

　　夫　ふざけんなっ!!　のんちゃんっ（私）!!

　夢の中で夫を怒らせていたのはなんと私でした！　何したの〜？　うける〜！

ある日のことです。私はあんりちゃんと作家のＭくんと３人でネタ作りをしていました。

あんりちゃん そういえば、また私と田辺さんの共通点を見つけてしまいました。

あんりちゃんと田辺さんは意外な所で共通点が見つかることが多く、その度に「あんりちゃんの運命の相手は田辺さんなのでは」と、あんりちゃんが絶望するくだりがあります。

私 今回は何？

あんりちゃん 田辺さんのじいさんと私のおじいちゃんの名前が一緒でした。

私 それもう運命なんじゃない？

あんりちゃん やめてください。

Ｍくん でも田辺さんはもうあんりさんのこと好きですよね？

あんりちゃん そうなんです。

田辺さんの気持ちはわかりやすく、番組の収録中にみんながVTRを見ている中、田辺さんだけあんりちゃんの顔をじっと見ていたなんてこともしょっちゅうあるようです。

あんりちゃん そうだ！　田辺さん、ついに亀梨くんと私を同じレベルで扱ってきました。

私 詳しく聞かせて。

KAT-TUNの亀梨くんといえば田辺さんが20年以上応援している、彼女の中で殿堂入りの存在です。

あんりちゃん この前、田辺さんが「どんなに好きな人でも"あ〜ん"されるの

264

は嫌」って話をしていたんです。

私　あ～んって食べさせるやつ？

あんりちゃん　そうです。私が「KAT-TUNの亀梨くんでもですか？」って聞いたら、田辺さん「亀梨くんでもあ～んは嬉しくない」って言ってきて、本当に嫌なんだなって思っていたら、続けて「私、たえあんりにあ～んされても嬉しくないわ」って、言いだして！ いや、亀梨くんにされて嫌なことがあんりで嬉しいわけないじゃないですか！ 亀梨くんとあんり並べるのおかしいでしょ！って田辺さんに言ったら、「え？ どうして？」って。

私　もう運命の人だよ。

あんりちゃん　田辺さんが運命の人かー……。

私　どう？

あんりちゃん　本当に嫌ですね。

私　私は応援するよ～！ あはは～。

あんりちゃん　やめてくださいよ～！ あはは～。

Mくん　酒寄さん、時間大丈夫ですか？

私　え！ 嘘っ!? もうこんな時間!?

そんな楽しい話をして、その日のネタ作りは終わりました。

このような内容の【田辺はあんりを好き過ぎる】という話を私は何度か書いてきました。私はこの片思いはぼる塾の離れ小島みたいなエッセンスだと思っていました。

しかし、違っていたのです。これは大事件の始まりに過ぎなかったのです。今回はその事件について報告したいと思います。

ある日のことです。私ははるちゃんの家に激辛ラーメンを持って遊びに行きました。激辛ラーメンを食べるはるちゃんを私が励ますなどの楽しい

時間を過ごした後、はるちゃんが言いました。

はるちゃん あの、酒寄さんに相談があって。

私 うん。聞こうか。

　この日2人で会うことが決まったときに、「話したいことがある」と聞かされていました。

はるちゃん あの…私……ずっと思っていて。

私 どうしたの？

はるちゃん あんりと田辺さん仲良すぎませんか？

私 え？

はるちゃん あんりと田辺さん仲良すぎませんか？　あんりって田辺さんにばかり優しくないですか？　私には冷たいのに。

私 え？

はるちゃん あんりは田辺さんばっかり好きなんです！

私 えっと……。あの2人は元々仲良かったし、あんりちゃんは田辺さんだけじゃなくてはるちゃんにも優しいよ。

はるちゃん でも、2人ご飯行き過ぎです！　いつも一緒だし！

私 はるちゃんのことは誘ってくれないの？

はるちゃん 誘ってくれるけど私1人になりたいときもあるんで。

私 なんだこいつ。

はるちゃん あんり、田辺さんと私を見る目が違うんです！　田辺さんもあんりと私で違うんです！

　はるちゃんは最近一人暮らしを始めてとても寂しいと言っていたので、それが原因でそういう風に見えてしまうのではないかと私は伝えました。

はるちゃん 確かにそれもあるかもしれません。今まで起きたら田辺さんがいて寝るまで田辺さんがいる生活だったから……。

　私はそんな生活を想像して「24時間田辺さん生活」って何かの企画になりそうな生活だなって思いました。

はるちゃん　でもでも、やっぱり2人のときのほうが楽しそうです！　私といるとテンション低いんです！

私　あんりちゃんとはるちゃんは幼なじみだし、はるちゃんと田辺さんは元ルームメイトだし、良い意味で気を遣わなくていい相手にはなっていると思うよ。

はるちゃん　気になっちゃって……。私は2人の邪魔じゃないかって。

私　それはない。でも、そう思っているなら2人にちゃんと言ったほうがいいよ。私から2人に言うのは誤解を招くと思うし。こういう話は本人から伝えるべき。

はるちゃん　そうですよね。

　後日、ぼる塾4人のライブがあったのでそのときに話す約束をはるちゃんとしました。

はるちゃん　何かあんりを田辺さんにとられたって気持ち？　ちょっとそれとも違うんですけど、でも、やきもちなんですかね？　コンビのときはこんなの思ったことなかったんですけど。

　私ははるちゃんに少しでも元気になってほしくて、私なりの言葉で伝えました。

私　幼なじみのはるちゃんがあんりちゃんに距離を感じていたら、あんりちゃんと私はどうなるのよ？　だけど、私はあんりちゃんと自分は仲良しだと思ってるよ？

はるちゃん　酒寄さんは大丈夫です！　酒寄さんはあんりの推しだから！

私　ああ、そうだ。私はあんりちゃんの推しなんだ。

　以前、ぼる塾が池袋PARCOのアンバサダーになったとき、テーマが「推し活」だったため、あんりちゃん、はるちゃん、田辺さん、3人それぞれの推しを書いたメッセージボードが飾られました。

　はるちゃんはクレヨンしんちゃん、田辺さんはKAT-TUNの亀梨くんとそれぞれの推しを書いたのですが、あんりちゃんが書いたのは酒寄さん、

つまり私だったのです。

私 　PARCOのはびっくりしたよ！　てっきりあんりちゃんの推しは
スヌーピーだと思っていたから。

はるちゃん 私もあんりはスヌーピーだと思っていました。

私 　私はスヌーピーに勝ったのか。

　そして約束したライブ当日。ライブ本番が終わってから、はるちゃんが
ついにあの話を口に出しました。

はるちゃん あんりと田辺さん仲良すぎない？

私 　（言った！）

田辺さん 私とあんりは昔から仲良しよ？　ぼる塾になる前から私はあん
りの後ろくっついていたじゃない。

あんりちゃん そうだよ。

はるちゃん いつも一緒にいるじゃん！　ご飯もいつも一緒に行くし！

あんりちゃん それはスケジュールがほぼ一緒だし、食う量も気をつかわなくて
いいし。

　私と同じように2人も「何を今さら？」と不思議がっているようでした。

はるちゃん 私…寂しい……。

田辺さん え、あんたちょっと泣いてない!?

　はるちゃんは泣いていました。泣きながら、自分が思っている気持ちを
一生懸命2人に話していました。

あんりちゃん ちょっと泣かないでよ！　田辺さんはずっと私の周りをうろちょ
ろしてたじゃん！

私 　そうだよ！　2人はずっと仲良しだったよ！

田辺さん そうよ！　それに食の趣味がすごく合うって私たちにとって大
事なのよ！　最近私たちのご飯、土曜日ステーキ、月曜焼肉、火
曜ハラミ、金曜ステーキ、土曜ステーキ、1週間で5回肉よ!!

　私　　すごいね。

あんりちゃん　はい。私たちタンパク質の摂取は完璧なんで、あとは筋トレさえ
　　　　　したらムキムキになれると思います。

　私　　ぼる塾の半分がマッチョに。

あんりちゃん　まぁ、食も大事だけどそれだけじゃなくて。はるちゃん、私に
　　　　　とって田辺さんといる時間は大事なの。

　あんりちゃんは優しくはるちゃんに言いました。

あんりちゃん　田辺さんは私を褒めてくれるの。頑張ったとき、田辺さんはいっ
　　　　　ぱい褒めてくれる。それが私にはとても必要なの。だから一緒に
　　　　　いたい。

田辺さん　私もよ。あんりは私が頑張ったとき、すごく褒めてくれるから一
　　　　　緒にいると元気になるわ。いろいろ報告したい！って思うわ。

はるちゃん　……確かに、私最近あんりにもっと頑張れって頑張ることばっか
　　　　　り押し付けていたかもしれない。

田辺さん　というか、あんりははるちゃんのこともいっぱい褒めてるよ！
　　　　　あんた、ちゃんと聞いてないのよ！

あんりちゃん　でも、はるちゃんが寂しい思いをしてるなら、もしかしたら幼な
　　　　　じみだから大丈夫って思い過ぎてる部分もあったのかもしれない。
　　　　　ごめんね。

はるちゃん　私こそごめん。

　私　　あんりちゃんと田辺さんが仲良くても、それではるちゃんへの仲
　　　　　良し度が下がるわけじゃないよ！　それに仲良くても田辺さん
　　　　　の片思いだから！

あんりちゃん　はい。スケジュールと食の合う別の友達ができたらすぐに田辺さ
　　　　　んとは会わなくなります。

田辺さん　何でよ！

はるちゃん　へへへ、泣いちゃった。

田辺さん　あんた泣くほど気にするならご飯誘ったとき一緒に来なさいよ！

はるちゃん　私1人になりたいときもあるんで。

私　なんだこいつ。

　あんりちゃんが好き過ぎる2人の騒動（今回は田辺さんは騒いでないですね）はこうして一応解決しました。

　その夜、田辺さんから私に連絡がきました。今日の話し合いでいろいろ話せて良かった。という内容だったのですが、その中にこんなメッセージが紛れていました。

田辺さん　あんりが酒寄さん、さすがって言ってたよ。はるちゃんが泣き出したときすっとティッシュ差し出したのが素敵だったって。

　私だけたまたま自分のカバンを抱きしめて話し合いに参加していたので（別に神保町よしもと漫才劇場の楽屋の治安を心配しているわけではなくたまたまです）、手元にティッシュがあり、はるちゃんに差し出していたのです。

　私は田辺さんからメッセージをもらって確信しました。

私　（田辺さんとはるちゃんには悪いけど、あんりちゃんの本命はたぶん私だ）

　スヌーピーよりも推しで素敵って、あんりちゃんは私のこと大好きですよね。学園のマドンナがなぜか自分に惚れている主人公みたいな気分になったところでこのお話は終わります。

スタート地点

2022年11月5日。

　私は久しぶりに舞台に立った。
　今までも私がぼる塾として舞台に立つことはあったが、それはぼる塾の主催するライブであり、ぼる塾を見に来てくれたお客さんの前でのみだった。他の芸人たちと一緒にバトル形式の舞台に立つのは前のコンビ以来、およそ4年ぶりだった。

　いわば、復帰戦。

　くじ引きの結果、何と出順はトップバッターだった。
私　ああ、緊張する
あんりちゃん　酒寄さん！　大丈夫ですよ！　楽しんでやりましょう。
田辺さん　ああ、緊張するわ！
あんりちゃん　はい、そうですか。
田辺さん　ちょっと！　私にも優しくしてよ！
あんりちゃん　酒寄さん4年ぶりだぞ！
はるちゃん　酒寄ママ！　隣に私がいるから大丈夫ですよ！
あんりちゃん　隣にはるちゃんいるのは怖いよ。
はるちゃん　ぴえーん！
私　あはは。
　緊張はあったけど、このときはまだ大丈夫だった。

はるちゃん　どーもぼる塾です！　お願いします！

私の復帰戦が始まった。

　　私　　（あ、やばい。すべった）

最初のボケがすべった。

　　私　　（すべった。え、このボケすべるの？）

そこから私は焦った。

　　私　　（今、私の声小さすぎた？　変な間を開けちゃった！　あ
　　　　　れ？　次は私のせりふじゃん！　どうしよう！　今、私の
　　　　　言い方ではるちゃんのボケ1個殺しちゃった！　やばい！
　　　　　ここウケないの？　どうしよう！　声が震えちゃった！　あ、
　　　　　田辺さんのところウケてる！　あんりちゃんも！　はるちゃ
　　　　　んも！　あれ、私のところだけ何かウケ少ない？）

ぐちゃぐちゃだった。

　　私　　（やばい、もうすぐネタが終わっちゃう終わっちゃう終わっ
　　　　　ちゃう終わっちゃう、あ、ここ最後の私のところ）

シーンとした。

　　私　　（あ、私ずっと守られてたんだ。ぼる塾の3人に、ぼる塾の
　　　　　ファンのみんなに）

4人の初舞台は最終兵器どころか、力不足な奴が1人加わって足を
引っ張って終わった。

　　私　　（恥ずかしい、私はスーパーヒーローにでもなるつもりだっ
　　　　　たの？）

舞台からはけた瞬間、私の両目から涙が溢れて、3人がお疲れさ
ま！という言葉も言えない程に泣いていた。

情けなかった。悔しさが抑えられなかった。楽屋に戻ってすぐには

るちゃんが泣き続ける私にティッシュをくれた。あんりちゃんが「大丈夫、大丈夫です」と声をかけてくれた。

あんりちゃん　何で泣くんですか？

私　声量も、間も、全部駄目だった。もっとできたはずなのに、何もできなかった。

あんりちゃん　酒寄さん、私は４人で立てて嬉しかったし、復帰戦として、酒寄さんはちゃんとできたと思います。

私　いや、全然駄目だよ。全然駄目だった。全部駄目だった。

　楽屋のモニターから、後輩の芸人がたくさん笑いを取っているのが聞こえた。ここにいる芸人は全員、私が休んでいる間もずっと舞台に立ち続けていた。そこに私はいるんだ。わかっていたことなのに、そのとき、気付いた。

あんりちゃん　……酒寄さんの気持ち、わかります。私も『ラヴィット！』が始まったばかりの頃、生放送で川島さんに比べて何にもできない自分に毎回落ち込んでました。

私　……あんりちゃんは、ちゃんとできてたよ。初めてなのに頑張ってた。

あんりちゃん　同じです。私も酒寄さんはちゃんとできてたと思います。

私　でも……。

あんりちゃん　酒寄さんには酒寄さんの理想があると思います。でも、いきなりは無理です。

私　でも、もっとできたんじゃないかって思う……。

あんりちゃん　じゃあその気持は持ち帰って次回に繋げましょう。ここから少しずつ理想に近づいていけば良いんですよ。

はるちゃん　あの！

あんりちゃん　はるちゃん？

はるちゃん　私は酒寄さんが隣にいてくれてすごく心強かったです！　それにとっても楽しかった！

あんりちゃん　わかる！　やっぱりぼる塾は４人だなって思ったよね！

私　……ごめんね。なんか、こんな、涙、我慢できなくて、情けない……。

あんりちゃん　陰で一人で泣かれるほうが嫌です。泣くなら私たちの前で泣いてください。

私　何か、全て私の被害妄想なんだけど、３人のときのほうが良かった、やっぱり４人目いらないじゃんってみんなに思われている気がして。

田辺さん　大丈夫！　私は大嫌われ者だよ!!

　そのとき、ずっと何も言わずにお菓子の箱を開けていた田辺さんが大声で言った。

あんりちゃん　うわ、びっくりした。

田辺さん　あんりも大嫌われ者だし、はるちゃんも大嫌われ者！

あんりちゃん　え、私も大嫌われ者なんですか？

田辺さん　そうだよ！　私たち３人ほどの嫌われもんはいないよ！　だから酒寄さんが何しても下がることなんてない！　大丈夫！　何の問題もない!!

はるちゃん　えー私たち大嫌われ者なの？

田辺さん　そうだよ！　私なんて特に大嫌われ者だよ!!　誰よりも嫌われてる!!　エゴサすると毎回ぼろくそ言われてるよ！

はるちゃん　じゃあ私がその分、たくさん好きって言ってあげるね！　好き！　大好きー！　田辺さんぎゅってしてあげるー！

田辺さん　あら、ありがとう！　だけどはるちゃんと私の間にあるお

　　　　菓子が潰れちゃうからこの距離感キープしていただける？

はるちゃん　あーん！　寂しい！

田辺さん　私もよ。でもここにほら、たくさんお菓子があるからごめん
　　　　なさいね。

あんりちゃん　いや、お菓子片付けろよ。

はるちゃん　ねーねーねー！　私、4人のぼる塾大好き！

あんりちゃん　私も！　酒寄さん！　ここからです！　這い上がっていき
　　　　ましょう！

田辺さん　大丈夫。あんたは今スタート地点に立ったんだから。

私　（そうだ。私は今、ぼる塾になったんだ）

　　そうだ。私は今スタート地点に立ったんだ。

私　（ここはゴールじゃない。スタートなんだ）

その夜、田辺さんから連絡がきた。

田辺さん　は〜い！　メンタルは大丈夫？

私　復活したよ！　ありがとうね！

田辺さん　久しぶりに酒寄さんの悔し泣き見たよ。

私　コンビのとき、私よく悔し泣きしてたよね。

田辺さん　してた。マジ昔の劇場が見えたよ。

私　懐かしいね。

田辺さん　あんたの悔し泣き見て気が引き締まったよ。私は。

私　今日はありがとうね。

田辺さん　でもあんまり泣くとみたらしちゃんにママ泣いてたよってチ
　　　　クるからね。

私　3人に本当に救われた。田辺さんが「今スタート地点に立っ

たんだから」って言ってくれて本当に救われた。ありがとう
ね。今日がスタートなんだよね。

田辺さん　私そんなこと言ってないよ。

　　私　え、嘘!?

田辺さん　それ言ったのあんりじゃない？　私はただぼる塾は嫌われ
てるって言っただけだよ。

　　私　泣いてたからごっちゃになってた！　やだ、どうしよう。あ
まりに嬉しくて、ツイッターに書いちゃった。田辺さんに言
われたとは書いてないけど、田辺さんの口調で「大丈夫。あ
んたは今スタート地点に立ったんだから」って励ましてもら
えたって書いたから誤解を生むかも。

田辺さん　私、そんな素敵なこと言えないわよ。手柄泥棒になっちゃう
じゃない。

　　私　どうしよう。あんりちゃんの言葉なのに田辺さんが素敵な人
みたいになっちゃう。

田辺さん　しょうがないね。それなら、私がその文章を引用して、あん
りが言ってました。私は放置してましたってツイッターに書
くよ。

　　私　悪いね。

田辺さん　大丈夫よ。それより今日のみたらしちゃんの写真ちょうだい。

　　私　はい。

田辺さん　あら！　いっちょ前にボロネーゼ食べてる！

私はスタートをきった。

お わ り に

　この本も残すところ、この終わりのご挨拶だけとなってしまいました。
楽しい時間はあっという間に過ぎるものですね。すみません。勝手に皆さんの感想
を楽しかったに統一してしまいました。
「よりぼう！　この本は楽しくて夏休みくらいあっという間だったよ！」
と思ってもらえたらとても嬉しいです。

　ここでは少し裏話をしようと思います。この本を作るにあたり、今まで書いた自
分の文章を読み直して改めて驚いたことがあります。

　それは、あんりちゃんとはるちゃん、二人との思い出がとてもたくさん増えてい
たことです。

　相変わらず田辺さんとは日々くだらないことを報告しあう仲なのですが（田辺さ
んは食べたものを教えてくれるとき、ただキュウリが切ってあるだけの写真まで全
部送ってくれるので、私って田辺さんのパーソナルトレーナーだっけ？と思うと
きがあります）、あんりちゃん、はるちゃんとも本当にいろんなことがあったとし
みじみと感じました。

　本編には書いてありませんが、あんりちゃんには吉野家のハヤシライスが復活し
たときや、オリジン弁当の回鍋肉が復活したときに真っ先に連絡を入れました。あ
のときのあんりちゃんが私に向けた感謝の顔は忘れられません。私はあの笑顔を見
たさにこれからも何かが復活した時はあんりちゃんに真っ先に連絡すると思います。

　はるちゃんも新たな一面をたくさん見せてくれました。彼女が私に激辛焼きそば
を作ってくれたことがあるのですが、水の量や時間などを袋に書かれている通りに
きっちり計って作ってくれたときは驚きました。もっと「えーい！　ほ〜い！
ばしゃ〜ん！」って作ってくれるかと思っていました。ごめんね、はるちゃん。

　私はものすごくひねくれて歪んだ性格をしています。

　そんな自分の性格のせいか、振り返ると私の人生は不幸ではありませんがいつも
少し残念でした。あんりちゃん、はるちゃん、田辺さんの３人はそんな私の歪つ
な心を優しさで少しずつ素直にしてくれました。

　この本の裏テーマは"どんどん素直になる酒寄さん"です。この本の最後のお話
はそれに尽きます。

そして、はじめにでも触れましたが、前作のときよりもこの本で私の息子はとても成長しています。

　私の息子の誕生とぼる塾の結成はほぼ同時期なので、彼とぼる塾は共に成長してきました。今、息子があんりちゃんやはるちゃんや田辺さんの名前を呼び、みんなと仲良くお喋りをしている姿を見ると、嬉しくて少し不思議な気持ちになります。

　そんな息子が最近お気に入りなのか、

「笑って、泣いて、食べて、寝て、そして笑って、泣いて、また食べて、寝て、それが全部！」

　とよく言っています。田辺さんにもこの言葉を伝えたところ、

「自分が泣いてる自覚あるんだね」と、彼女らしいコメントをくれました。

　最初、息子がどこでこんな言葉を覚えたのかわからなかったのですが、『べびちゅ』という歌の「♪わらって　ないて　たべて　ねて　あそんで　ないて　またたべて　ねる」という素敵な歌詞の部分を彼なりに覚えて歌っていたことがわかりました。

　私は息子から知ったこの言葉が大好きです。そしてこの言葉は、この本にも当てはまる言葉だなと思います。

「♪わらって　ないて　たべて　ねて　あそんで　ないて　またたべて　ねる」

　それがぼる塾生活！

　この本が完成したら、田辺さんにオイスターバーへ連れて行ってもらおうと思います。田辺さんが"金がない"という話をした後で、突然、最近美味しいオイスターバーを見つけたという話をし始めたことがありました。その場にいたはるちゃんと私が「でも、お高いんでしょ？」と言ったところ、

「あんた達とあんりにオイスターを食わせるくらいの金はある」

　と、頼んでいないのに奢る約束をしてくれました。さすが、田辺さん。ぼる塾みんなで行ってきます。

　この本に関わってくださった皆さん、本当にありがとうございます。一人でも欠けていたらこの本は完成できませんでした。そして最後まで読んでくださった皆さん、本当にありがとうございます。これからもぼる塾をよろしくお願いします。

　あんりちゃん、はるちゃん、田辺さん、いつもありがとう。ぼる塾生活とっても楽しいよ。これからもたくさん思い出作ろうね。

酒寄希望（ぼる塾）

酒寄希望（さかよりのぞみ）●お笑い芸人。1988年4月16日生まれ・B型。東京都出身。ぼる塾のリーダー。相方の田辺智加と漫才コンビ「猫塾」として活動後、後輩コンビ「しんぼる」のきりやはるか、あんりとともにお笑いカルテット・ぼる塾を結成（2019年）。結成当初から産休・育休に入り、陰ながらネタ作りなどをサポート。「自分たちの面白さに気づいていない3人を知ってもらい」と、2020年11月からnoteでエッセイを書き始める。現在は育休ながらも徐々に活躍の場を広げ、2022年5月、初のぼる塾単独ライブツアーの東京公演に出演し、11月、神保町よしもと漫才劇場で約4年ぶりの通常公演に復帰した。

ぼる塾 酒寄
Twitter

ぼる塾チャンネル
YouTube

STAFF

デザイン　眞柄花穂、石井志歩（Yoshi-des.）
装画・本文イラスト　つづ井
漫画　菜々子
撮影　大鷯円（昭和基地¥50）
校閲　鷗来堂
編集　長澤智子、馬場麻子（吉本興業）
営業　島津友彦（ワニブックス）
マネジメント　峰山大樹、桑子萌花（吉本興業）

JASRAC 出 2300341 - 301

酒寄さんのぼる塾生活

2023年3月3日　第1刷発行

発行人　藤原寛
編集人　新井治

発行　ヨシモトブックス
〒160-0022　東京都新宿区新宿5-18-21
TEL 03-3209-8291

発売　株式会社ワニブックス
〒150-8482
東京都渋谷区恵比寿4-4-9　えびす大黒ビル
TEL 03-5449-2711

印刷・製本　凸版印刷株式会社

©Nozomi Sakayori/Yoshimoto Kogyo
Printed in Japan
ISBN 978-4-8470-7280-2
C0095